HISTOIRE

DE LA

DERNIERE GUERRE

DE BOHEME.

TOME SECOND.

HISTOIRE

DE LA

DERNIERE GUERRE

DE BOHEME.

ENRICHIE DES CARTES, DES PLANS DE BATAILLES ET DES SIEGES

PAR Mr. D. M. V. L. N.

NOUVELLE EDITION.

TOME SECOND.

A AMSTERDAM,

Chez DAVID MORTIER,

MDCCLVI.

HISTOIRE

DE LA

DERNIERE GUERRE

DE BOHEME.

LIVRE CINQIEME.

ARGUMENT.

L'Electeur de Baviére est proclamé Roi de Bo-
hême. Entrée des Prussiens dans ce Royaume.
Prise d'Olmutz par les mêmes. Affaires de
de Baviére. Le Roi de Prusse pénétre jus-
qu'en Hongrie. Il revient sur ses pas.

TOUTE l'Europe apprit avec étonnement
la conquête de Prague, & prévit dès-
lors celle de toute la Bohême. On ne pouvoit concevoir comment le Grand-Duc, à la
tête d'une si formidable Armée, n'avoit pas
prévenu ce fâcheux événement. En général
on peut dire qu'à la guerre tout dépend de
la diligence. Il ne sert de rien de former de
beaux projets, si on est lent à les exécuter.
Si le Grand-Duc ne se fût pas tant amusé à
chasser dans les Forêts de la Bohême, ou
qu'il eût détaché un bon Corps de Cavalerie

Tom. II.   A   avec

avec de l'Infanterie en croupe pour se jetter en toute diligence dans la Place, il ne paroît pas que les Alliés eussent pu réussir. Il semble même qu'il auroit dû marcher sans s'arrêter avec toute son Armée. Mais peut être ne croyoit-il pas que la Place pût être emportée d'emblée. Il espéroit que pour peu de résistance qu'elle fît, il arriveroit assez à tems pour la délivrer. Dans cette idée il ne crut point devoir se trop hâter, ni fatiguer ses troupes par des marches forcées. Il leur fit prendre des séjours, & ne leur fit faire que des marches ordinaires de quatre à cinq lieues par jour.

Ce Prince n'est pas le premier Général qui ait été trompé par de pareilles suppositions; l'Histoire en fournit des exemples, même des plus grands Capitaines: mais tout cela ne prouve autre chose, sinon que la diligence a une influence extrême sur les succès militaires, & qu'il est aussi nécessaire d'exécuter promtement, que de projetter habilement.

La prise de Prague changea le plan de guerre que le Grane-Duc s'étoit fait. Il tint conseil. Les plus habiles Généraux lui firent remarquer qu'il ne pouvoit plus rester dans le poste qu'il occupoit, sans donner lieu à une bataille décisive; qu'en la gagnant il gagnoit peu de chose, parce que l'Ennemi étant maître de Prague avoit toujours le dos libre, & pouvoit se réfugier sous le canon de cette Place, en attendant les renforts que le Roi de Prusse ne manqueroit pas de leur envoyer, ou une diversion favorable qui les dégageât. Qu'en

Qu'en la perdant, on perdoit tout ; puifque l'Armée d'Autriche n'avoit point de Place à portée qu'elle pût mettre entre elle & l'Ennemi, & qu'elle pouvoit être diffipée avant qu'elle atteignît un pofte où elle pût fe raffembler. Qu'il valoit mieux ne rien hazarder dans des circonftances fi délicates, & fe borner à harceler les Ennemis pendant tout l'hiver. Que les François déjà fatigués par de très-longues & pénibles marches, d'ailleurs peu faits au Climat de Bohême, fe fondroient immanquablement. Que la difficulté de fe recruter les mettroit bientôt hors d'état de rien entreprendre de confidérable. Que la difette feroit le même effet chez les Saxons ; & que le Roi de Pologne occupé à défendre l'entrée de fon Electorat aux Troupes légéres de Hongrie, ne pourroit envoyer aucun renfort en Bohême.

Ces confidérations déterminérent le Grand-Duc à s'éloigner pour couvrir le refte de la Bohême.

Quelque fage que fût ce parti, il ne paroiffoit pourtant pas que la Reine de Hongrie pût conferver ce Royaume, ni fauver une partie de fes autres Etats. Perfonne ne doutoit qu'Elle ne fût bientôt obligée de fe foumettre aux conditions que lui prefcriroient fes Ennemis, d'autant plus que les Savoyards, les Efpagnols & les Napolitains menaçoient la Lombardie. Mais cette Princeffe, bien affurée que lorfque les affaires paroiffent le plus défefpérées, elles font fouvent à la veille de prendre un meilleur tour, continuoit à rejet-

A 2

ter

ter toutes les propositions qu'on lui faisoit d'un accommodement. Ces Personnes sensées commençoient à prévoir que les Prétendans gâteroient leurs affaires, pour ne savoir pas mettre des bornes à leurs prospérités. Les Conquérans ne devroient jamais oublier les sages avis que ce vieux Scythe donnoit à Alexandre : *Fortunam tuam pressis manibus tene,* lui disoit-il ; *lubrica est, nec invita teneri potest. Impone felicitati tuæ frænos, facilius illam reges. Nostri sine pedibus dicunt esse fortunam, quæ manus & pennas tantùm habet ; quum manus porrigit, pennas quoque comprehendere non sinit.*

C'est ainsi que dans la guerre pour la Succession d'Espagne, les Alliés pour vouloir trop n'eurent presque rien, & que la fermeté de Louis XIV. triompha d'une Ligue formidable, qui se partageoit déjà en idée les plus belles Provinces de son Royaume. La Reine de Hongrie avoit sur ce Monarque un avantage très-remarquable ; c'est que pendant douze ans les Puissances liguées contre Louis agirent avec un concert & une harmonie admirable : c'étoit le même zéle, la même ardeur dans les Anglois, dans les Hollandois, les Portugais & les Piémontois. Aucune de ces Nations ne le cédoit de ce côté-là aux Impériaux, qui néanmoins étoient les principaux intéressés ; il sembloit qu'ils eussent tous les mêmes prétentions, les mêmes espérances. Les défiances & les soupçons, si ordinaires dans les Ligues, sembloient être étouffés ; on eût dit qu'un seul & même ressort faisoit mouvoir ce vaste Corps composé de tant de parties différentes, & qui

avoient

avoient naturellement des intérêts si opposés. La Reine de Hongrie au-contraire étoit attaquée par un beaucoup plus petit nombre d'Ennemis, & néanmoins beaucoup moins unis. Dès les premiers jours de leur Alliance ils parurent divisés. Leurs défiances & leurs soupçons mutuels éclatérent en mille occasions. Elle étoit à-la-vérité attaquée par cette même Puissance qui avoit tant de fois résisté à tant d'Ennemis qui conspiroient sa perte, & qui sans exagération avoit triomphé des efforts de l'Europe entiére. Mais cette Puissance ne l'attaquoit qu'indirectement, & sous l'ombre de troupes auxiliaires. Elle épargnoit les Provinces de la Reine, où elle auroit pu frapper les plus rudes coups, pour envoyer les plus belles troupes se morfondre au fond du Nord, à la conquête d'un Royaume qu'une distance de deux ou trois cens lieues ne lui permettoit pas de pouvoir conserver après l'avoir conquis. Non seulement la France se défioit de ses Alliés & ceux-ci d'elle, mais même ses propres Généraux n'étoient point d'accord entre eux. Ils tâchoient de se nuire mutuellement aux dépens de leur Maître & de la gloire de ses Armes. Belisle avoit choisi les Lieutenans-Généraux de l'Armée de Bohême; Broglio, pour rendre suspect le discernement de Bellisle, a laissé battre ces Lieutenans-Généraux, toutes les fois qu'il en a trouvé l'occasion.

Enfin, le seul Allié sur qui la France pût compter, étoit l'Electeur de Baviére: mais ce Prince n'étoit pas dans une situation avantatageufe : fans troupes, fans finances & fans munitions, avec un Pays épuifé par les guerres précédentes, & des Forterefles à demi ruinées; bien loin d'augmenter les forces de la France, il ne pouvoit que contribuer à les affoiblir, tant pour la garde de fon Pays que pour la défenfe de celui qu'il venoit d'occuper.

Toutes ces chofes faifoient efpérer un changement à la Reine & à fes Miniftres, & les clairvoyans ne trouvoient pas étrange que cette Princefle rejettât les conditions dures qu'on lui offroit. On favoit bien qu'elle feroit toujours à tems de rompre une partie fi mal liée, & qu'en facrifiant quelque chofe à l'un elle auroit raifon de l'autre. Mais le plus tard qu'on a recours à ces fortes de moyens eft toujours le meilleur. Souvent le hazard offre l'occafion d'en fortir à meilleur marché.

Le jour même que Prague fut prife, l'Electeur de Baviére y fit fon entrée, & Mr. de Bellifle y arriva le lendemain. Ce Maréchal écrivit au Roi de Prufle, pour le prier de faire ceffer les bruits qui couroient, comme s'il s'étoit accommodé avec la Reine de Hongrie, & qu'il eût abandonné les Alliés : Que pour cet effet il eût la bonté de faire agir une partie de fes troupes conjointement avec celles de France, de Baviére & de Saxe. Le Roi de Prufle lui fit réponfe, qu'il étoit bien éloigné de manquer à fes Alliés; que le Public lui faifoit tort, & que, pour l'en convaincre, il avoit envoyé ordre à fes Généraux de raffembler les troupes qui cantonnoient dans le Comté de Glatz, & de recommencer les hof-
tili-

tilités. Cependant le Grand-Duc s'éloignoit de Prague avec plus de diligence qu'il ne s'en étoit approché ; & le 28. de Novembre, les Alliés s'étant raffemblés, fe mirent en devoir de tomber fur l'arriére-garde des Autrichiens. Ils firent plufieurs détachemens, dont le plus confidérable étoit commandé par le Comte de Saxe. Il y eut quelques efcarmouches entre les Huffars & les Oulans, fans grand avantage de part ni d'autre. La retraite fe fit en bon ordre ; & l'Ennemi, foit qu'il voulût faire un pont d'or, foit qu'il trouvât les difpofitions trop bonnes, ne crut pas devoir s'oppofer à la marche de notre Armée ; il fe contenta de chaffer nos partis d'Huffars répandus en-deçà & en-delà de la Moldau & de l'Elbe.

La gauche de l'Armée Autrichienne prit fa route vers Budweis, pour défendre le refte de la Bohême, & l'entrée de l'Autriche contre les François & les Saxons. La droite marcha vers Chrudim pour couvrir la Moravie, & empêcher les Pruffiens de pénétrer en Bohême par le Comté de Glatz.

Sur ces entrefaites l'Electeur de Baviére fe faifoit reconnoître Roi de Bohême. D'abord ce Prince reçut l'hommage de la Ville de Prague, après quoi il fit publier des Lettres de convocation aux Etats du Royaume.

Les Députés du Clergé, de la Nobleffe & du Tiers-état des Cercles que les Autrichiens avoient abandonnés, fe rendirent à Prague vers le milieu de Décembre, au nombre de plus de quatre cens ; & fi le nouveau Roi avoit moins hâté la cérémonie, les Etats auroient

roient été encore plûs nombreux. Mais ce Prince se pressoit de finir en Bohême pour se rendre à Francfort.

Le jour fixé pour la solennité de l'hommage, & le signal étant donné, tous les Députés se rendirent dans la Salle nommée *des Chevaliers*; & après qu'ils eurent donné chacun leur nom par écrit le nouveau Roi parut au milieu d'eux, & se rendit à l'Eglise du Château à pied, précédé du Fourier de sa Cour, des Députés des Etats, Princes, Comtes, Barons, du Clergé, des Conseillers Privés, du Maréchal de la Diéte portant l'Epée de St. Wenceslas nue, & suivi de tous ses Officiers.

On chanta une Messe solennelle où l'Archevêque officia, après laquelle le nouveau Roi se rendit dans le même ordre à la Salle des Etats, & se plaça sur le Trône qu'on y avoit dressé. Le Maréchal de la Diéte se tint debout sur le second degré du Trône, avec l'Epée de St. Wenceslas : derriére le Trône à la droite étoit le Capitaine des Gardes du Roi, & sur la même ligne à la gauche le Lieutenant. Le Grand-Chambellan étoit dans le Parquet à la droite de Sa Majesté, & à côté étoit l'Archevêque : à gauche on voyoit le Gouverneur-Général du Royaume & le Grand-Chancelier. Le Grand-Bourgrave étoit vis-à-vis du Roi. Au-dessous du premier degré du Trône, à la droite, étoient le Clergé & les Princes ; les Comtes & les Barons étoient à la gauche, & au-dessous d'eux on voyoit la Noblesse non titrée, avec les Députés du Tiers-état.

Le Gouverneur-Général fit une courte haranrangue au nom du Roi, à laquelle le Grand-Bourgrave répondit plus au long de la part des Etats. Là-dessus le Grand - Chancelier s'approcha & se mit à genoux sur le plus bas degré du Trône, priant Sa Majesté de vouloir bien l'honorer de ses ordres.

Le Roi lui expliqua ses intentions de sa propre bouche, & ajoûta plusieurs choses rélatives aux circonstances, assurant les Etats de sa Protection Royale, & tous les Peuples de Bohême en général de les faire jouïr de tous les avantages qu'ils pouvoient se promettre d'un Souverain & d'un Pére. Dès que Sa Majesté eut cessé de parler, deux Sécretaires s'avancérent, & lurent à haute voix la formule de l'hommage, l'un en Allemand, l'autre en Esclavon, laquelle fut répétée mot pour mot par les Etats. Après quoi ils vinrent tous baiser la main à Sa Majesté.

Cette cérémonie fut suivie d'un grand festin, & de diverses réjouïssances.

Cependant les deux Partis se battoient parmi les neiges & les glaces. Le Comte de Polastron ayant appris que le Comte de Kaiserstein, Commissaire-Général des Guerres pour la Reine de Hongrie, étoit venu à Bénishcow avec deux cens Hussars pour amener un convoi qu'il y avoit fait préparer, le vint attaquer à l'improviste, le fit prisonnier avec sa troupe, & s'empara de plus de trente chariots chargés de munitions de bouche. Le Comte de Piosasque, à la tête des Dragons Bavarois, poussa jusqu'à Frauenberg, s'empara de la Ville & du Château, après avoir taillé en piéces trois cens Hussars que le Grand-Duc y a-

voit

voit mis en garnison. Les Autrichiens vinrent en nombre pour reprendre ce poste, mais les bonnes dispositions du Comte de Piosasque les obligérent à se retirer. Ils ne furent pas plus heureux dans quelques autres entreprises de cette espéce. Le Genéral Birckholtz, des troupes de Saxe, avoit posté cent quarante hommes sous les ordres du Capitaine Merlin du Régiment du Prince Xavier, dans un Village nommé *Nejepin* pas loin de *Przibram*. Les Généraux d'Olonne & Baronai furent commandés pour chasser les Saxons de ce poste. On leur donna trois mille tant Dragons que Hussars pour cette expédition. Il ne paroissoit pas difficile qu'un Corps de cette force enlevât un peu plus de cent hommes. Les Généraux Autrichiens en doutoient d'autant moins, qu'ils envoyérent un Trompette assurer le Capitaine Merlin qu'il y avoit bon quartier, pourvu qu'il se rendît sur le champ. Celui-ci témoigna qu'il vouloit se défendre, & ayant remarqué les mêmes dispositions dans sa petite troupe, il renvoya le Trompette, le chargeant de dire aux Généraux Autrichiens qu'il ne demandoit point de quartier, & que si on l'attaquoit il se défendroit jusqu'au dernier soupir.

Les Généraux Autrichiens ne pouvant concevoir que cet Officier prît une résolution qui sembloit si déplacée, le firent sommer de-nouveau; mais le Capitaine Merlin déclara au Trompette, que s'il revenoit il le feroit passer par les armes. Sur cela l'attaque commença, & le feu fut mis au Village par les Hussars.

Le

Le Capitaine Saxon se retira dans une espéce d'enclos, où il se défendit pendant deux
heures avec toute la valeur possible. Heureusement pour lui, les Généraux Birkholtz &
Rochau, qui n'étoient pas loin, ayant eu avis
de ce qui se passoit, accoururent au secours de
ce brave Officier avec le Régiment de Schlich-
ting Dragons, les Oulans, & un Bataillon de
la Reine. Les Autrichiens voyant approcher
ce renfort, se retirérent à la faveur des bois
qu'ils avoient derriére eux.

Le Maréchal de Bellisle, qui pendant ce
tems-là étoit à Prague auprès du nouveau Roi
de Bohême, reçut ordre de la Cour de se tenir prêt à partir pour retourner à Francfort.
Le Maréchal de Broglio fut choisi pour venir
commander en chef les Troupes Françoises en
Bohême.

Avant que de quiter Prague Mr. de Bellisle
donna un réglement pour les quartiers des
Troupes Françoises, & pour prévenir les des-
ordres trop ordinaires à la guerre, & qui pouvoient aliéner l'esprit d'un Peuple nouvelle-
ment soumis. En voici le contenu.

REGLEMENT *pour la Cavalerie, Hussars, Dra-*
gons & Infanterie en Bohême.

„ Chaque Régiment de Cavalerie & de Hus-
„ sars remettra au Maréchal-Général des Lo-
„ gis de la Cavalerie, & chaque Régiment
„ de Dragons au Major-Général des Dragons,
„ un état des hommes & des chevaux effec-
„ tifs, signé par les Commandes des Corps.
„ Il sera remis à chacun desdits Comman-
„ dans

,, dans un état des quartiers qui leur font des-
,, tinés, & des villages qui devront contri-
,, buer à la fubfiftance de leur Régiment.

,, L'Etat-Major choifira l'endroit le plus
,, convenable des quartiers, &, autant que
,, faire fe pourra, le plus à portée de tous,
,, pour fa réfidence.

,, Les Brigades n'étant point rompues, &
,, Mr. le Maréchal les ayant placées dans l'en-
,, droit où elles doivent marcher, les Efca-
,, drons obferveront le même ordre autant que
,, faire fe pourra, en s'arrangeant de façon
,, que les Compagnies qui forment un Efca-
,, dron, ayent leurs quartiers près les unes
,, des autres.

,, La Compagnie Meftre-de-camp choifira
,, fuivant l'ufage, & entraînera les trois au-
,, tres Compagnies qui forment fon Efcadron,
,, ou dans le même quartier, s'il y a place,
,, pour tout l'Efcadron, ou dans les quartiers
,, les plus prochains.

,, Le Lieutenant-Colonel tirera au fort pour
,, l'emplacement de fa Compagnie, & de fon
,, Efcadron par conféquent, avec celui que
,, commande le troifiéme, dans les Régimens
,, où il y en aura trois.

,, Les Colonels & Lieutenans-Colonels fe-
,, ront tous les quinze jours la vifite des quar-
,, tiers du Régiment, c'eft-à-dire tour à tour,
,, & en rendront compte aux Brigadiers à
,, leur retour, obfervant de s'informer de l'é-
,, tat des hommes & des chevaux, & de la
,, difcipline & conduite par rapport au Pays.

,, Les Brigadiers rendront le compte qu'ils
,, auront reçu des Colonels & Lieutenans-
,, Co=

„ Colonels, à l'Officier-Général qui comman-
„ dera dans le district où leurs Brigades fe-
„ ront placées.

„ S'il arrivoit que les Compagnies fuffent
„ trop ferrées dans les quartiers qu'on leur a
„ donnés, ou qu'il y eût dans le nombre des
„ villages affectés à leur fubfiftance, des lieux
„ où elles trouveroient plus de commodité,
„ elles en informeront l'Officier-Général, &
„ fur fa permiffion elles s'y établiront.

„ L'Officier-Général Commandant dans un
„ district, aura un état des quartiers de tout
„ ce qui fera fous fes ordres; les Brigadiers
„ de-même de leurs Brigades.

„ Il y aura un Commiffaire des Guerres
„ chargé du district d'un certain nombre d'Ef-
„ cadrons, lequel fera fournir à chaque Com-
„ pagnie la quantité de rations proportion-
„ nées aux effectifs : il remettra à chaque Co-
„ lonel l'état des villages qui doivent fournir
„ à fon Régiment, afin qu'il puiffe avoir l'œil
„ de fon côté à ce qu'il ne foit rien employé
„ que par l'ordre du Commiffaire.

„ Il en fera ufé de-même pour les rations
„ de fourrage de Mrs. les Officiers-Généraux,
„ ne devant être donné aucun ordre dans le
„ Pays pour la fourniture des fourrages, ni
„ de quoi que ce foit, que fur ceux des Com-
„ miffaires des Guerres, qui les recevront
„ de Mr. de Sechelles.

„ Les fubfiftances pour le Cavalier, Huf-
„ far & Dragon, confifteront en pain: dans
„ le cas où il fera fourni des Magazins, la
„ ration ordinaire fera d'une livre & demie;
„ & lorfqu'il fera fourni par le Pays, la por-
„ tion

„ tion ordinaire étant de deux livres, elle
„ fera livrée fur ce pied.

„ La viande fera livrée fur le pied de deux
„ livres par femaine à chaque Cavalier, Huf-
„ far & Dragon, & fera délivrée le Diman-
„ che pour toute la femaine.

„ Les fourrages pour les chevaux feront li-
„ vrés fur le pied de dix livres de foin, &
„ de douze livres de paille, la litiére y com-
„ prife ; & dans les endroits où l'efpéce du
„ foin ne fera pas abondante, on fupprimera
„ quelques livres de foin, qui feront rempla-
„ cées en paille.

„ Il fera ordonné à tous les Régimens de
„ hacher la paille, & aux Officiers de faire
„ apprendre les Cavaliers à la hacher. Cet
„ article eft d'autant plus indifpenfable, que
„ dès à préfent Mr. le Maréchal ordonne à
„ tous Mrs. les Meftres-de-camp de Cavale-
„ rie d'avoir des hachoirs pour la campagne
„ prochaine : il s'en fera rendre compte quand
„ l'Armée s'affemblera, & en rendra les Mef-
„ tres-de-camp refponfables.

„ En cas d'infuffifance d'avoine, qui fera
„ délivrée fur le pied de deux tiers de boif-
„ feau, les autres menus grains pourront être
„ employés à la nourriture des chevaux, l'or-
„ ge avec la réduction d'un tiers, & le fégle
„ avec la réduction de moitié.

„ Il fera fait dans chaque lieu où il y aura
„ des troupes, un Magazin, qui fera fourni
„ par tous les lieux d'arrondiffement à pro-
„ portion de leur force. Il y fera établi un
„ Commis par le principal Bourguemaître ou
„ Bail-

„ Bailly du Canton, qui fera chargé de la
„ recette & de la dépenfe des fourrages.

„ Il fera défendu aux Cavaliers de battre le
„ grain, ou de toucher à quoi que ce puiffe
„ être qu'à ce qui leur fera fourni : les Com-
„ mandans des Compagnies en feront refpon-
„ fables, & la retenue en fera faite fur leur
„ quartier d'hiver.

„ Les Officiers des Compagnies donneront
„ tous les jours aux Bourguemaîtres des lieux
„ où ils feront établis, un reçu figné de
„ chaque livraifon qui leur fera faite, de quel-
„ que efpéce qu'elle puiffe être. Ils auront la
„ même attention à fe faire donner un billet
„ des mêmes Bourguemaîtres, figné d'eux,
„ comme quoi ils n'en ont reçu que tant.

„ Ces contrebillets feront envoyés toutes
„ les femaines au Major de leur Régiment,
„ & le Major les adreffera à Mr. de Sechelles
„ Intendant de l'Armée, par la voie du
„ Commiffaire des Guerres.

„ Les Cavaliers, Huffarts & Dragons, fe-
„ ront logés au feu & à la chandelle de leurs
„ Hôtes, fans pouvoir en exiger autre chofe
„ que la fubfiftance ci-deffus réglée.

„ Le fel fera fourni comme le pain & la
„ viande, fur le pied d'un tiers de livre par
„ Cavalier, Huffar & Dragon, par mois.

„ Il fera libre aux Payfans, qui auront des
„ Cavaliers, Huffars & Dragons logés chez
„ eux, de garder la chambre qu'ils habitent,
„ pourvu qu'il y en ait une autre qui foit ha-
„ bitable, & qu'on puiffe s'y chauffer.

„ Les Communautés fourniront aux Cava-
„ liers,

„ liers, Huffars & Dragons, les draps & les
„ lits qui feront en ufage dans le Pays.

„ Il eft défendu très-expreffément à tout
„ Officier, de quelque grade & caractére qu'il
„ foit, de rien exiger fous quelque prétexte
„ que ce puiffe être, même en gibier, &
„ d'aller à la chaffe.

„ Il leur eft pareillement défendu de com-
„ mander aucune voiture du Pays pour leur
„ ufage particulier; & s'il arrivoit des cas
„ forcés où ils fuffent obligés d'en comman-
„ der pour le fervice du Roi, ils donneront
„ leurs ordres par écrit aux Bourguemaîtres,
„ & fe feront donner réciproquement un bil-
„ let par lesdits Bourguemaîtres, comme quoi
„ ils n'ont commandé que tant de voitures,
„ & pour tant de tems, & pour tel ufage qui
„ fera expliqué; & les Majors enverront auffi
„ les contrebillets au Commiffaire, comme
„ il a été ordonné ci-deffus, pour ceux de
„ toutes les autres délivrances qui leur fe-
„ ront faites.

„ Les logemens dans les quartiers, tant
„ pour les Officiers que pour les Cavaliers, fe-
„ ront faits par les Commiffaires des Guerres.

„ Il ne fera rien innové à la Police particu-
„ liére des lieux où les troupes feront éta-
„ blies, & Mrs. les Officiers ne pourront y
„ rien changer qu'en ce qui aura rapport à
„ la difcipline de la troupe.

„ Le bois pour le chauffage des Officiers
„ leur fera fourni dans les quartiers, fans
„ qu'ils puiffent de leur autorité privée en
„ envoyer couper dans les Forêts.

„ Il

„ Il fera fourni aux Meſtres-de-camp, par
„ mois, cinq cordes de bois.

„ Aux Lieutenans-Colonels, trois cordes.

„ Aux Majors, deux cordes.

„ Aux Aides-Majors, deux cordes.

„ A chaque Capitaine, deux cordes.

„ A chaque Lieutenant, Cornette & Ma-
„ réchal-des-logis, un corde & demie.

„ A chaque Corps-de-garde qui fera établi
„ dans les endroits où il y aura quatre Compa-
„ gnies en quartier, un tiers de corde de bois,
„ & un tiers de livre de chandelle pour vingt-
„ quatre heures.

„ Les Communautés fourniront auſſi les
„ lanternes & les chandelles pour les écuries,
„ de-même que les pêles, les fourches de bois
„ & les balais.

„ Il fera indiqué à chaque Régiment l'Hô-
„ pital le plus à portée, où ils devront envo-
„ yer les Cavaliers malades : on pourra pren-
„ dre les voitures néceſſaires pour les trans-
„ porter, en rendant compte au Commiſſaire,
„ comme il a été dit, pour tous les uſages qui
„ ſe feront des voitures du Pays.

„ Le même réglement s'exécutera pour l'In-
„ fanterie qui fera dans les différens quar-
„ tiers, & dont les Régimens remettront un
„ état des hommes & des chevaux effectifs,
„ qui ne pourront excéder les places de four-
„ rage qui font réglées par les Etats du
„ Roi.

„ Les fourrages pour les chevaux des Offi-
„ ciers feront fournis fur le pied de huit
„ ou de dix livres de paille, la litiére y

,, comprife, & d'un demi boifleau d'avoin,
,, mefure de Paris.

,, Si l'on donne de l'orge au-lieu d'avoi-
,, ne, il n'en fera fourni qu'un quart de
,, boifleau.

,, Si l'on donne du fégle, il n'en fera four-
,, ni qu'un fixiéme de boifleau, le tout par
,, jour.

Fait à Prague le 14. *Décembre* 1741.

Les Alliés faifoient tout leur poffible pour étendre leurs quartiers, & pour refferrer ceux des Autrichiens, afin de les obliger à évacuer la Bohême; & ceux-ci, de leur côté, mettoient tout en ufage pour s'y maintenir. On tâchoit de part & d'autre de s'enlever des quartiers, & de gagner du terrain. Les Huffars, les Pandoures, les Croates & autres pareilles gens étoient fans-ceffe alertes pour piller & faire des prifonniers.

Toute l'Armée Saxonne, à la réferve d'un millier d'hommes laiffés en garnifon dans Prague, fe mit en marche le 16 de Décembre, & tirant vers l'Orient, elle prit fa route par Smoretz, Chaurizin, Kuttemberg & Czaflau, pour s'emparer du pofte de Teutfchbrod, où les Autrichiens avoient un magazin que les Saxons fouhaitoient fort de leur enlever; car ils commençoient à fe reffentir de la difette. Ils n'eurent pas de peine à réuffir dans leur deffein; le pofte & le magazin n'étant gardés que par deux cens hommes fous le Capitaine Himmelberg, qui furent tous tués ou pris. Malheureufement le magazin ne confi-

ftoit

ſtoit qu'en une très petite quantité de farine, l'Ennemi ayant eu la précaution de retirer de cette Place la plus grande partie des proviſions, & de les tranſporter ailleurs.

Les Saxons s'établirent dans les Villages aux environs de Teutſchbrod, où les Huſſars les incommodoient par des courſes continuelles. Ils en venoient preſque tous les jours aux mains enſemble. Les Huſſars étoient preſque toujours honteuſement repouſſés ; mais ils a-voient l'avantage de troubler le repos de leurs Ennemis, & de les tenir dans une allarme con-tinuelle. Ainſi, ſoit fatigue, ſoit diſette, les maladies commencérent à ravager les Trou-pes Saxonnes pour le moins autant que cel-les de France : ce qui prouve que ce n'eſt pas la rigueur du climat qui fit périr celles-ci, puiſque leurs Alliés n'en étoient pas mieux pour être nés ſous un climat encore plus froid que celui de Bohême. Mais quels hom-mes pourroient réſiſter à de ſi longues mar-ches que celles que firent les François, & qui furent ſuivies immédiatement d'une campagne qui dura toute l'automne & tout l'hiver ?

Pendant que les Saxons s'établiſſoient du cô-té de Teutſchbrod, les François s'étendoient ſur la droite du côté de Piſek au midi de Pra-gue. Dès le 18. de Décembre, le Maréchal de Belliſle détacha Mr. d'Aubigné Lieutenant-Général, avec vingt & un Bataillons & trente-cinq Eſcadrons, pour s'aller établir du côté de Piſek, petite Ville près de Strakonitz entre l'Ottava & la Moldau.

A ſon approche, les Autrichiens abandon-nérent les quartiers qu'ils occupoient de ce cô-

té-là,

té-là, & même celui de Pifek ; & à la faveur des ténébres ils repafférent la Moldau pour gagner Budweis, où étoit le gros de l'Armée.

Mr. d'Aubigné dépêcha auffitôt un Exprès à Prague, avec la nouvelle qu'il s'étoit rendu maître de Pifek le 22. & qu'après avoir chaffé l'Ennemi de divers autres poftes, fait quelques prifonniers, & tué quelques foldats de leur arriére-garde, il avoit difpofé fes troupes de façon à pouvoir s'entrefecourir mutuellement, & s'affembler en très-peu de tems.

Sur cet avis le Maréchal de Broglio, qui étoit arrivé à Prague, partit avec le Maréchal de Thöring, pour aller voir de quelle maniére Mr. d'Aubigné avoit difpofé fes quartiers.

Ils trouvérent qu'il avoit fort judicieufement fait, & là-deffus Thöring retourna à Prague pour aller rendre compte de tout au Roi-Electeur, & Broglio refta à Pifek.

Le Grand-Duc, fâché de ne pouvoir reprendre Frauenberg, qui, n'étant qu'à deux petites lieues de Budweis, refferroit extrêmement fon Armée du côté de la Bohême, & ne lui laiffoit pour ainfi dire qu'un pied dans ce Royaume, penfa à s'en venger fur Pifek. Ce n'eft pas que Frauenberg foit une Ville de Guerre, rien moins que cela, mais elle a un château qui eft de quelque défenfe. La faifon ne permettoit pas de faire un fiége régulier, quelque court qu'il pût être ; & en s'attachant à Frauenberg, on donnoit le tems aux Saxons de venir au fecours d'un côté, pendant que les François viendroient de l'autre, deforte qu'on fe mettoit entre deux feux.

Pi-

Pifek, au-contraire, eft un endroit qui n'a pas même de foffé. Une muraille fimple & fort mince l'environne; deforte qu'on peut venir droit aux portes, les enfoncer, & l'on eft dans la Ville.

Tout cela bien confidéré, le Grand-Duc réfolut d'enlever les Troupes Françoifes qui étoient dans Pifck, & le Maréchal de Broglio lui-même. Il prit un gros de Milice Hongroife, qu'il crut plus propre à cette expédition que les troupes réglées; & ayant côtoyé la Moldau fur la gauche, il arriva le 28. de Décembre devant Pifek.

Comme il vit que les François étoient fur leurs gardes, il crut qu'il devoit attendre la nuit pour commencer l'attaque; cependant il pofta des gardes de Huffars pour empêcher que rien ne fortît, & qu'on ne pût donner avis de fon approche aux autres poftes des environs. Et ne croyant pas que l'Ennemi pût réfifter un moment dans un fi méchant pofte, il le fit fommer. On lui répondit qu'on étoit prêt à le recevoir, qu'il n'avoit qu'à commencer. Le Grand-Duc ne fe rebuta point; il fit faire une nouvelle fommation accompagnée de grandes menaces, déclarant que fi on ne fe rendoit il feroit tout paffer au fil de l'épée. On lui fit encore la même réponfe.

Il étoit environ neuf heures du foir, lorfque Son Alteffe Royale commanda à quatre cens tant Croates que Pandoures, foutenus de tout le refte du Détachement, & précédés d'un nombre fuffifant de Charpentiers pour enfoncer la porte, de commencer l'attaque.

B 3

Le

Le Maréchal de Broglio qui s'attendoit à cela, avoit diſposé un bon nombre de Grenadiers & de Fuſiliers à l'entrée de la rue; & pour marque qu'il ne craignoit pas d'être forcé, il avoit ordonné qu'on tînt ouverte la porte par où l'Ennemi paroiſſoit vouloir pénétrer. Ce Général ſavoit bien qu'en moins de deux heures il recevroit des renforts qui le mettroient en état d'attaquer à ſon tour le Grand-Duc; car au premier avis qu'il avoit eu de l'approche de ce Prince, il avoit envoyé ordre aux troupes qui cantonnoient aux environs, de s'aſſembler pour marcher à ſon ſecours.

Les Croates ſe préſentérent d'abord de fort bonne grace, & ſans s'étonner de trouver la porte ouverte, ils enfilérent la rue, peut-être dans la fauſſe opinion que l'Ennemi avoit abandonné la Ville. En tout cas ils ne furent pas longtems à ſe desabuſer; car à peine ſe furent-ils un peu avancés, qu'ils ſe virent accueillis d'un feu de mouſquetterie & de grenades qui les prenoit en front, tandis que les Fuſiliers, s'étant gliſſés à droite & à gauche, les chargeoient en flanc à coups de bayonnettes.

Cette attaque bruſque & imprévue les déconcerta, ils ſe renverſérent les uns ſur les autres, chacun ſe hâtant de regagner la porte par où ils étoient entrés. Ceux qui s'étoient avancés pour les ſoutenir, furent rompus par les fuyards. Ce fut moins un combat qu'un carnage. Il y en eut qui fuyant des premiers, & ayant eu le malheur de tomber, furent foulés aux pieds par les derniers.

Le Grand-Duc, apprenant ce deſordre, fit
ſonner

fonner la retraite , après avoir dégagé fes
Croates, dont il ne feroit échappé que très-
peu , s'ils avoient été moins promts à fuir,
& que la nuit n'eût pas favorifé leur fuite.
Ils perdirent pourtant un Lieutenant - Colonel, deux Capitaines , quelques Officiers fu-
balternes , & des Soldats à proportion , environ une centaine en tout. Du côté des Ennemis il n'y eut qu'un Grenadier de tué, &
quatre de bleffés.

Le Grand-Duc repaffa la Moldau à la faveur d'un brouillard épais , qui augmentant
l'obfcurité de la nuit, le déroba aux Ennemis,
qui n'auroient pas manqué de le pouffer , &
peut-être de lui couper le retour , d'autant plus
qu'il étoit à peine en marche qu'ils reçurent
un renfort de plufieurs Efcadrons & Bataillons.
Mais foit qu'ils s'attendiffent à une nouvelle
attaque , ou qu'ils craigniffent de donner dans
quelque embufcade , ils fe tinrent tranquilles
durant le refte de la nuit. Vers le matin , le
brouillard étant tombé , leur Cavalerie s'avança jufques fur la Moldau, d'où elle découvrit
encore l'arriére - garde du Grand-Duc , dont il
fe détacha quelques pelotons pour la venir reconnoître. Il y eut quelques coups de mouf-
queton de tirés de part & d'autre au travers de
la riviére, mais aucun des deux partis ne jugea à propos de paffer de l'autre côté.

Le Maréchal de Broglio craignant une feconde attaque , & que l'Ennemi ne revînt
avec plus de forces , ordonna qu'il y auroit
tous les foirs dix Efcadrons au Bivouac, qui
feroient relevés par dix autres. C'eft ce Bivouac de Pifek , fi fameux dans la Cavalerie

Fran-

Françoife, & dont apparemment elle ne perdra pas fitôt le fouvenir. Obligés durant plus d'un mois de paffer la nuit tantôt à cheval, tantôt à pied, au milieu d'un champ, par un froid des plus aigus, les Cavaliers & les Dragons François y ont fouffert tour à tour tout ce qu'on peut fouffrir de plus rude à la guerre.

Le Grand-Duc, après la malheureufe expédition de Pifek, remit le commandement de l'Armée au Prince Charles fon Frére, & fe rendit à Vienne.

Le Lecteur ne fera pas fâché que je lui faffe connoître ce nouveau Général, dont la valeur a tant contribué au fuccès des armes de la Reine de Hongrie.

Le Prince Charles eft le fecond Fils de Léopold-Jofeph-Charles Duc de Lorraine & de Bar, né en 1679. & mort le 27. de Mars 1729. Il eft Petit-fils de ce Duc de Lorraine fi célébre par fes victoires fur les Turcs. Sa Mére eft Elifabeth-Charlotte d'Orléans, Fille de Philippe de France Frére unique de Louis XIV. Le Prince Charles eft né le 12 Décembre 1713. Ses premiers exploits ont fait croire avec raifon qu'il parviendroit un jour à la réputation de fon Ayeul.

Il eft d'une taille un peu au-deffus de la médiocre. Il eft bien fait & d'une figure dégagée, cependant plutôt gras que maigre. Il porte fes cheveux, qui font d'un brun clair. Il a le front large, les yeux noirs, pleins de feu & à fleur de tête, le nez petit mais bien fait, le vifage long & un peu creufé de petite-vérole. Son teint eft celui d'un homme de guer-

re

ré, c'eſt-à-dire fort brun & fort hâlé. Il a la phyſionomie ſpirituelle , parle beaucoup & parle bien, deſorte qu'on lui fait bon gré d'un défaut qui rend les autres hommes inſupportables. Comme il a beaucoup vu & beaucoup lu , il lui arrive rarement de tomber dans des redites. Lorſqu'il parle de guerre, c'eſt un plaiſir de l'entendre ; & comme j'ai ſouvent eu cet honneur-là, je puis dire que les heures ne m'ont paru que des inſtans, & que j'ai toujours trouvé ſes converſation trop courtes. Il eſt d'une humeur fort gaye, & il fait donner un tour enjoué aux choſes les plus ſérieuſes. Il s'énonce noblement, & tous ſes diſcours ſont remplis d'une éloquence mâle & guerriére.

Quant aux qualités de ſon ame , elles répondent à celles du corps. Il eſt brave, généreux, & poli envers tout le monde. Elevé auprès de la Ducheſſe ſa Mére , il n'a rien de cette fierté rebutante qu'on reſpire à la Cour de Vienne ; au-contraire il eſt extrêmement gracieux. Il ſait ſe familiariſer ſans s'abaiſſer , & ſe concilier le reſpect & l'amour de ceux qui l'approchent. Il aime le Soldat, & en eſt aimé ; il lui fait tout le bien qu'il peut, & lui épargne tout le mal que l'intérêt du Service & de la Diſcipline lui permet de lui épargner.

Tel eſt le Prince Charles, qui a paru plus formidable après la perte d'une bataille qu'avant de l'avoir perdue ; qui a conquis la Baviére, chaſſé les François de l'Allemagne, après les avoir pouſſés hors de la Bohême ; & qui ſemble n'avoir échoué ſur le Rhin, que

pour

pour être une nouvelle preuve de l'inconſtan-
ce de la Fortune.

Ce jeune Héros n'avoit jamais eu beaucoup d'eſtime pour le Feld-Maréchal Neiperg, & avoit ſouvent deſapprouvé celle que
le Grand-Duc lui témoignoit. Il ſavoit que
toute l'Armée étoit mécontente de la conduite de ce Général, & il n'ignoroit pas les
diſcours deſavantageux que l'on tenoit ſur
ſon compte. Il eſt aiſé de juger combien
il fut mécontent lui-même de ſe le voir aſſo-
cié au commandement. Il avoit déjà fait ſes
repréſentations à la Reine ſur ce ſujet, & cette Princeſſe y avoit fait attention. Mais pour
ne pas chagriner le Grand-Duc, elle avoit
différé de le rappeller. Le Prince Charles en
arrivant à l'Armée, comprit que c'étoit une
néceſſité abſolue. Il écrivit pour ſolliciter le
rappel de ce Feld-Maréchal, & il repréſen-
ta les choſes de façon que la Reine, de l'a-
vis de ſon Conſeil, s'y réſolut pour le bien
de ſon ſervice ; en quoi elle fit fort ſage-
ment.

En effet, la préſence d'un Général à qui
il eſt arrivé un malheur, par le ſeul caprice
de la Fortune, ne fait point de peine aux
troupes : au-contraire elles ſe joignent d'intérêt à leur Général, & concourent avec é-
mulation & plaiſir au recouvrement de ſa gloire, parce qu'elle leur eſt commune.

Mais pour celui à qui on peut imputer la
perte d'une Bataille, ſoit pour s'être mal poſté, ſoit pour avoir fait une mauvaiſe diſpoſition, ſoit pour s'être mal conduit pendant l'action, ſoit pour avoir donné des marques de peu

dé

de courage dans l'action, il ne doit en aucune maniére être ménagé perfonnellement de fon Prince, qui ne doit point exiger de fes troupes de fouffrir à leur tête un homme qui a perdu leur confiance. Les conféquences en feroient trop dangereufes.

Il faut donc faire choix d'un nouveau Général lorfque pareille chofe arrive, & jetter les yeux fur quelque fujet capable, & de qui les troupes ayent bonne opinion. Le plutôt qu'on a recours à ce reméde eft toujours le meilleur, de peur que les affaires ne deviennent fi mauvaifes que le nouveau Général ne puiffe les rétablir avec toute fon habileté.

La Reine de Hongrie ne fut pas longtems à fentir la vérité de ces maximes, & elle fe trouva bien de les avoir fuivies.

Le Général Neiperg, pofté affez près de Chrudim avec l'aile droite de l'Armée Autrichienne, ne put empêcher que douze mille Pruffiens fortis du Comté de Glatz, ne pénétraffent en Bohême, & ne vinffent fe pofter à Pardubitz, petite Ville fituée près du lieu où la Chrudinka fe jette dans l'Elbe; ce qui l'obligea à fe replier fur Iglau, d'où il marcha à Neuhaus, & fe rapprocha de Budweis où étoit le quartier-général. Il fut rappellé peu de jours après, & envoyé honorablement dans les Pays-Bas, pour commander dans l'importante Place de Luxembourg, dont on lui avoit confié le Gouvernement.

Quant aux douze mille Pruffiens qui étoient entrés en Bohême, ils ne pouvoient guére choifir un pofte plus avantageux que celui de

Par-

Pardubitz ; car outre qu'ils étoient entre deux riviéres confidérables , ils confervoient la communication avec le Comté de Glatz , qui étoit tout à eux , à la réferve du château de Glatz bâti fur une hauteur de très-difficile accès , lequel ne fe rendit que quelques mois après, n'ayant plus aucune efpérance de fecours, & manquant de tout. Outre cet avantage, ils avoient encore celui de pouvoir fe joindre en très-peu de tems aux Saxons, qui avoient leur quartier fur la gauche, près de Teutfich-brod.

Pendant que ce Corps de Troupes Pruffiennes entroit en Bohême, un autre, à peu près auffi fort, s'étoit affemblé dans la Haute Siléfie, & côtoyant l'Oder à gauche, étoit defcendu jufqu'à Tropau qu'il avoit pris fans refiftance, & avoit paru tout d'un coup devant Olmutz fous les ordres du Maréchal de Schwerin.

La Moravie eft fituée entre la Bohême qu'elle a à l'Occident, l'Autriche qu'elle a au Midi, la Siléfie qui eft au Nord, & la Hongrie qui eft à l'Orient. Elle eft divifée en cinq Cercles ; celui d'Olmutz, de Gradifch, de Znaïm, de Brinn, & d'Iglau. Elle abonde particuliérement en grains. Elle a porté le titre de Royaume, jufqu'à ce que l'Empereur Henri IV. ordonna en 1087. qu'elle ne fût plus regardée que comme un Marquifat de l'Empire. Depuis ce tems-là elle fut incorporée à la Bohême, & fut l'appanage des Fils aînés des Rois de Bohême, qui prenoient le titre de Marquis ou Margrave de Moravie.

Olmutz, Capitale de ce beau Marquifat, eft une Ville belle & bien bâtie. Ses fortifications ne font pas préfentement fort confidérables ; elles le font néanmoins affez pour qu'on s'étonne qu'elle ait pu être prife fans coup férir au milieu de l'hiver. Elle eft fituée fur la Morawa , qui donne fon nom à tout le Marquifat. Elle eft le Siége d'un Evêque qui reléve immédiatement du Pape, & qui ne reconnoît point d'autre Métropolitain. Ce Prélat prend les titres de Duc du St. Empire , & de Comte de la Chapelle Royale de Bohême.

Le Maréchal de Schwerin en arrivant devant cette Place, en fit fommer le Commandant, qui demanda auffitôt à capituler, quoiqu'il eût une garnifon de mille à douze cens hommes , & qu'on lui eût à peine tiré un coup de canon.

Le Général Pruffien n'eut garde de refufer de bonnes conditions à ce Commandant, qui l'auroit fort embaraffé s'il eût voulu fe défendre, vu la rigueur de la faifon ; fans compter que ce Corps d'armée n'étoit pas affez fort pour inveftir une Place comme Olmutz. Voici les demandes du Commandant , & ce qui lui fut accordé.

I. La Ville & Fortereffe d'Olmutz fera remife aux Troupes de Sa Majefté Pruffienne , cependant fans l'Artillere, les Munitions , & les Fourrages qui s'y trouvent. *Toute l'Artillerie, les Munitions & les Fourrages qui fe trouveront dans la Ville , demeureront à la difpofition de Sa Majefté le Roi de Pruffe , & il ne fera pas*

accor-

*accordé à la Garnison d'en emporter la moin-
dre chose.*

II. Toute la Garnison, & les personnes qui
en dépendent, soit de l'Artillerie, du Corps
des Ingénieurs ou des Invalides, sortiront
avec tous les honneurs militaires, tambour
battant, mêche allumée, avec armes & bagages, & trente-six coups à tirer pour chaque homme. *Accordé avec vingt-quatre coups
à tirer, quatre canons, & cinquante charges
pour chaque canon.*

III. Tout ce qui se trouve appartenir, tant
à la Garnison qu'à l'Armée de la Reine de
Hongrie & de Bohême, soit bagages, femmes, domestiques, valets ou chevaux, pourra sortir en sûreté & librement en même tems
que la Garnison. *Accordé.*

IV. Les chevaux & voitures nécessaires pour
le transport des susdits bagages & du reste,
comme aussi pour celui des malades & blessés, seront fournis gratis. *Accordé soixante
chariots attelés, & des chevaux pour en atteler
quarante autres.*

V. Il sera permis au Commandant & à la
Garnison d'emmener toute leur Artillerie &
leurs Munitions qui se trouvent ici, & seront
livrés gratis les chevaux nécessaires pour les
transporter. *Cela ne peut être accordé.*

VI. Les Provisions & les Fourrages qui se
trouvent ici, demeureront en propre à l'Armée de Hongrie & de Bohême, & il lui sera
libre de les emporter aussitôt qu'il se pourra.
Déjà refusé.

VII. La Garnison, & tout ce qui en dépend, avec Artillerie, Munitions & Bagages,
aura

aura la liberté de se retirer à Brinn, & pour plus de sûreté elle y sera escortée par un Officier. *Accordé, à l'exception de ce qui a déjà été déterminé par rapport à l'Artillerie & aux Munitions.*

VIII. Il sera libre à toute la Garnison, & aux personnes qui en dépendent, de prendre avec eux du pain pour huit jours, comme aussi du foin & de l'avoine pour leurs propres chevaux; & les chevaux nécessaires pour ce transport leur seront fournis. *Accordé autant que les chevaux ci-dessus pourront y suffire.*

IX. Aucune personne, soit soldat, domestique, ou valet, ne sera admis ou forcé à prendre le service militaire du Roi de Prusse; au contraire, si cela arrivoit d'une façon ou d'autre, l'homme ainsi pris sera d'abord rendu par l'autorité des Généraux. *Accordé.*

X. Aucun homme qui depuis quelque tems auroit quité le service militaire de Prusse, & qui par hazard se trouveroit parmi cette Garnison, ne sera repris; au - contraire il passera en toute liberté & sans empêchement avec le reste de la Garnison. *Les Déserteurs seront livrés, cependant le pardon sera accordé à ceux qui se déclareront volontairement.*

XI. Si quelque personne dépendante du service militaire de la Reine de Hongrie & de Bohême étoit obligée de rester ici par des raisons pressantes, soit pour cause de maladie ou autres circonstances, il lui sera accordé six semaines de tems pour demeurer ici en liberté, avec sûreté, & sans empêchement; & pendant ce tems-là, ou lorsqu'il sera écoulé, il lui sera permis de se retirer où

bon

bon lui femblera. *Accordé ; mais à condition que ces perfonnes fe déclareront d'abord, & diront qui elles font ; & que les malades qui refteront en arriére, feront panfés* ET SOIGNE'S *aux dépens de la Garnifon qui fort, par un Chirurgien qu'elle laiffera pour cet effet.*

XII. Il fera accordé à tous les Sujets de Sa Majefté la Reine de Hongrie & de Bohême, qui font d'autres Pays, & qui fe trouvent ici par hazard, l'efpace de trois mois, pour vendre ou emporter librement leurs marchandifes, vins, & autres effets. *Accordé.*

XIII. Après la fignature de cette Capitulation de part & d'autre la porte du Bourg fera livrée & cédée aux troupes du Roi de Pruffe pour l'occuper. *Accordé, & la porte de Brinn fera cédée aujourd'hui à midi, d'autant plus que le pont pour aller à la porte du Bourg eft brulé de ce côté-ci.*

XIV. Il ne fera ni accordé ni permis à perfonne des Troupes Royales de Pruffe d'entrer dans la Ville, jufqu'à ce que la Garnifon de la Reine de Hongrie en foit entiérement fortie : c'eft pourquoi le refte des portes & le rempart entier demeureront occupés par les troupes de la Reine de Hongrie & de Bohême, & en dedans de la porte du Bourg, proche des maifons, il y aura un piquet des mêmes troupes. *Accordé.*

XV. Pendant l'ajuftement des points de la Capitulation jufqu'à la fignature, les hoftilités & les travaux cefferont de part & d'autre. *Accordé.*

XVI. Le jour de la fortie de la Garnifon, les chevaux de charroi, lefquels feront livrés

vrés aussitôt qu'il sera possible, se trouveront à des postes marqués, pour être plus à portée, & pouvoir aussitôt sortir. *Les chevaux de charroi seront livrés aujourd'hui au soir, & la Garnison sortira demain 28. après midi.*

XVII. Après la conclusion & avant la signature de la Capitulation, il sera permis au Commandant d'envoyer au Général Feld-Maréchal Baron de Seher un Officier, auquel on fournira la commodité d'aller par la poste ou par quelque autre voiture. *Accordé.*

XVIII. La Religion Catholique-Romaine sera entiérement laissée sans trouble ni empêchement dans ses exercices & cérémonies qu'elle a partiquées jusqu'ici; & pour cette raison non seulement aucun que celui qui fait profession de ladite Religion Catholique-Romaine ne pourra être admis dans la Bourgeoisie, dans le Conseil ou autre Service de la Ville, mais même dans l'Université, & ne pourra à l'avenir posséder ou desservir des Ecoles ou des Eglises. *Accordé.*

XIX. Le Prince-Evêque, comme aussi le Chapitre de la Cathédrale, & tout le reste du Clergé, les Cloîtres, les Fondations pour hommes & pour femmes, Eglises, Paroisses, Hôpitaux, & toutes autres Etablissemens pieux, seront confirmés & maintenus dans les Priviléges, Immunités, Libertés, Possessions & Biens qu'ils ont eus jusqu'ici. *Accordé.*

XX. De-même toute cette Ville d'Olmutz, avec toutes les Communes, Bourgeois & Habitans, sera conservée comme par le passé dans ses Usages, Priviléges, Libertés, Immunités, comme aussi dans ses Offices, Charges, Revenus, Biens, & dans l'exercice de la Jurifdiction Civile & Criminelle : en conféquence le Magiftrat fera laiffé dans la libre élection du Confeil, felon qu'il eft établi jufqu'à-préfent dans l'ufage & la poffeffion de ce faire : perfonne non plus ne fera en la moindre chofe lézé dans fes Poffeffions & Biens, foit par contribution, pour rachat du feu, ou autres exactions de femblable dénomination, foit à force ouverte, ou autrement. *Accordé.*

XXI. Il fera auffi permis au Baron de Schubirtz, Capitaine du Cercle d'Olmutz, de fortir en liberté avec fon Sécretaire, les Commiffaires, & le refte des Officiers de la Chancellerie & de fa Maifon, pour fe rendre où bon lui femblera, foit à Brinn avec la Garnifon, foit ailleurs ; & il lui fera donné pour fa fûreté une efcorte, & fourni cinq chariots pour fes bagages & ceux de fa fuite. *Comme on ne peut fe paffer dans la préfente conjončture de la préfence de Mr. le Capitaine du Cercle, pour avoir foin des affaires, comme pour le paffé, cet article n'aura pas lieu.*

XXII. Il fera accordé aux Habitans qui voudront fe retirer, de fortir en toute fûreté avec leurs Effets & leurs Biens. *Accordé : mais il faut qu'ils fe déclarent dans l'efpace de quatre femaines.*

XXIII. Comme il fe trouve dans Olmutz quelques effets, meubles & de l'argent comptant, appartenant au Baron de Trach, qui y ont été tranfportés de Siléfie, le tout fera remis à la garde d'une perfonne de confiance, jufqu'à ce qu'il foit délivré au Propriétaire. *Cela peut être remis à une perfonne de la Magiftra-*

giftrature au moyen d'une exacte défignation.
La Garnifon fera tenue de payer ce qu'elle doit
à la Bourgeoifie, & faute de ce faire, ou de
l'argent comptant néceffaire, la même Garnifon
donnera une caution fuffifante, ou laiffera un
Officier pour ôtage. A Olmutz le 26. Décem-
bre 1741.

Le Comte SCHWERIN.

Le Baron de TERZI
Général-Major.

Sur ces entrefaites, le Roi de Pruffe fe difpofoit à venir en Bohême pour y prendre le
commandement de fes Troupes & de celles des
Alliés, afin de forcer la Reine de Hongrie à
quelque accommodement. Ce Monarque partit de Berlin le 18. Janvier, & fe rendit à
Dresde, d'où, après s'être abouché avec le Roi
de Pologne, il continua fa route vers Prague.
De-là il fe rendit à Glatz, où il fit quelques
actes de Souveraineté, après quoi il vint à Olmutz, pour régler les affaires de la campagne qu'il vouloit commencer en Moravie. Les
Troupes qu'il avoit déjà dans ce Marquifat, fe
renforçoient tous les jours par des Régimens
qui arrivoient de Siléfie; & celles qui étoient
entrées en Bohême ayant été renforcées par
les Saxons, & par trois à quatre mille François, étoient en marche pour les venir joindre. Le deffein du Roi de Pruffe, en tour-
nant fes armes vers la Moravie, étoit apparemment d'aider les Saxons à conquérir ce Marquifat, qui étoit deftiné à dédommager le Roi

de Pologne Electeur de Saxe des frais d'une guerre à laquelle il se feroit peut-être volontiers dispensé de prendre part, sans un concours de circonstances, dont une seule entraîne souvent les Princes les plus pacifiques dans la nécessité de prendre des mesures contraires à leur inclination. Il paroît aussi que Sa Majesté Prussienne vouloit obliger le Prince Charles à s'éloigner de la Bohême pour courir au secours de l'Autriche, qu'elle menaçoit. Mais le succès ne répondit pas aux apparences. La Moravie fut abandonnée aussitôt que conquise, & le Prince Charles en courant au secours de l'Autriche, ne s'éloigna pas entiérement de la Bohême. Mais avant que d'entrer dans le détail des mouvemens de toutes ces Armées en Moravie, & des actions qui en furent les suites, il est à propos de voir ce qui se passoit en Baviére.

L'Electeur de ce nom en s'emparant de Passau, de la Haute-Autriche & de la Bohême, avoit cru sans-doute que la Reine n'étoit point en état de reprendre aucun de ces Pays, & il n'avoit pas prévu qu'il sortiroit tout d'un coup de la Hongrie une nuée de Soldats qui inonderoient ses propres Etats, & qu'il s'affoibliroit à mesure que son Ennemie se renforceroit. En effet l'Armée Bavaroise réduite à environ quinze mille hommes, dont cinq à six mille étoient en Bohême, devoit avec huit mille François défendre la Haute-Autriche, la Baviére & le Haut-Palatinat. Un terrain de cette étendue ne pouvoit être garanti d'une invasion par un si pétit nombre de troupes éparpillées en tant d'endroits différens. Le

Le Comte de Kévenhuller, Général qui joignoit la rufe à l'expérience, comprit bientôt la facilité qu'il y auroit de reconquérir la Haute-Autriche, & de pouffer même jufqu'en Baviére. Il étoit bien perfuadé qu'il auroit le tems de s'y fortifier, avant que la France pût envoyer des fecours fuffifans à l'Electeur pour le tirer de ce mauvais pas. Occupé de ce deffein, il s'apliqua à affembler une Armée affez forte pour l'exécuter, & fe fervit habilement de la confiance que la Reine avoit en fa capacité.

Sous prétexte de défendre Vienne & de la mettre en état de foutenir un long fiége, il tira toutes les Garnifons des Places de Hongrie, & de diverfes autres Provinces qui n'avoient rien à craindre. Il y joignit quantité de Huffars, & d'autre Milice Hongroife, le tout jufqu'au nombre de vingt mille hommes, qui fe rendirent par diverfes routes aux environs d'Amftetten.

Le 28. de Décembre il fe mit à leur tête, & s'avança jufques fur les bords de l'Ems. Il détacha deux mille hommes fous le Comte de Mercy d'Argenteau, qui ayant paffé cette Riviére chafférent les Bavarois de quelques poftes retranchés, tels que Lembach & Trenberg, & les poufférent jufqu'à Steyr, qu'ils abandonnérent auffitôt.

D'un autre côté, le Général Palfi s'étant approché de la Ville d'Ems, la trouva abandonnée, & s'en affura; après quoi toute l'Armée paffa la Riviére.

Le Comte de Segur qui commandoit les Troupes Françoifes répandues dans la Haute-

Au-

Autriche, ne crut pas pouvoir avec sept ou huit mille hommes harassés de fatigue en arrêter vingt mille tout frais, & qui n'avoient encore rien souffert. Il jugea que le seul parti qu'il y eût à prendre, étoit de se jetter dans une Place où il pût faire assez de résistance pour obliger l'Ennemi à lui accorder des conditions honorables. Il n'appréhendoit pas un siége dans cette Saison, mais un blocus; & il savoit que les Places étoient mal pourvues, & qu'il faloit de bons magazins pour faire subsister huit mille hommes dans un même lieu.

Cependant l'affaire pressoit, l'Ennemi s'avançoit, & les Troupes Françoises, dispersées dans les Villages, pouvoient être enlevées peloton par peloton. Il les rassemble donc, & sans différer il va se jetter dans Lintz.

J'ai déjà dit que l'Electeur de Baviére s'étoit emparé de cette Ville, qui est la Capitale de l'Autriche Supérieure. Le Commandant que ce Prince y avoit mis, avoit pris quelques précautions pour n'être pas emporté d'emblée. Il avoit fait aprofondir le fossé, & l'avoit environné de palissades. Mais si cela suffisoit pour mettre sa Garnison à l'abri d'une insulte, il ne suffisoit pas pour faire de Lintz une Place tenable. Ce n'est pas tout, les munitions & les fourrages y étoient en petite quantité, & ne pouvoient durer longtems.

Tel étoit l'état de cette Ville, lorsque Mr. de Ségur y entra avec ses huit mille François. Ceux-ci commencérent d'abord après

leur

leur arrivée à barricader les rues, & à se retrancher avec de grosses poutres, & autres choses semblables. Il est bien sûr que si cette Garnison avoit pu conserver une communication libre avec la Baviére par le moyen du Danube & de l'Inn qui se jette dans ce Fleuve, & qu'elle eût pu par-là supléer à la disette des magazins de la Place, elle auroit pu donner bien de la tablature au Maréchal de Kévenhuller. Mais ce Maréchal travailla d'abord à lui ôter cette ressource.

Pour cet effet il détacha le Lieutenant-Colonel Menzel avec un gros de Hussars, pour s'assurer de Scharding, Ville assez considérable sur la Riviére d'Inn, & défendue par un château fortifié.

Menzel s'est rendu si fameux par la hardiesse de ses entreprises, & encore plus par ses pilleries, qu'il est juste de faire une petite digression en sa faveur. Les grands-hommes comme lui gagnent toujours à être connus. Menzel donc est natif de Leipzig, Ville célébre de l'Electorat de Saxe. Son Pére étoit Barbier, & sa Mére gagne actuellement sa vie à vendre de l'amidon. Sa Sœur est Blanchisseuse. La naissance est un effet du hazard. On ne se la donne point, & ce n'est pas aussi sur cela qu'un homme raisonnable fera procès à un autre. Un Roturier ayant plus d'obstacles à se distinguer qu'un Noble, doit nécessairement avoir plus de vertu. Sur ce pied-là on peut juger de celle de Mr. Menzel. Dans sa jeunesse il a servi en Russie. Une petite affaire de rien l'obligea à quiter ce Service pour passer dans celui de la Reine de Hongrie. Il

y a acquis la réputation d'un des plus déterminés Partifans qu'on eût encore vus. Il a
fait quelques bons coups ; s'eft enrichi aux
dépens des François & des Bavarois ; & a
époufé la fille d'un des Ecuyers du Manége
de Vienne, dont il étoit devenu amoureux à Olmutz. C'étoit une pauvre orphe-
line, qui n'avoit rien. Mr. Menzel, plus
fenfible à l'éclat du mérite qu'à celui des richeffes, & ayant déjà affez de bien, a eu la
générofité de l'époufer, aimant mieux faire la
fortune d'une perfonne de mérite, que d'augmenter fes biens par une alliance plus avantageufe.

Mr. Menzel eft d'une taille médiocre. Il a
les yeux hagards, le teint un peu blême, le
vifage gravé de petite-vérole, le nez aquilin,
la bouche grande, & tout fon air eft auffi
cruel que fa démarche eft comique. Il aime à boire, & il boit fi bien, qu'il paffe rarement un jour fans faire à Bacchus le facrifice de fa raifon. Je lui ai ouï dire cent fois à
lui-même, en ftile militaire, qu'il ne réuffif-
foit jamais mieux dans fes entreprifes que
quand il étoit foul. Il reffemble en cela au fameux Maréchal de Rantzau, & quoique ce
foit-là tout ce qu'il a de commun avec lui, il
eft néanmoins toujours glorieux de reffembler
par quelque endroit à un fi grand-homme.

La Garnifon de Scharding ayant été fom-
mée par ce Partifan, offrit de fe rendre pourvu qu'on lui permît de fe retirer. Mais
Mr. Menzel avoit ordre de ne la recevoir
que prifonniére de guerre, & ce fut tout ce
qu'il voulut accorder. Sur cela le Commandant

dant Bavarois abandonna la Ville & le châ-teau, & tâcha de s'évader. Les Bourgeois portérent auffitôt les clés de l'un & de l'au-tre au- Partifan Autrichien, qui fe détacha avec une partie de fes Huffars pour aller à la pourfuite de la Garnifon fugitive, mais il étoit trop tard. Il ne rencontra que quel-ques traineurs, qu'il eut foin de faire maf-facrer pour épargner à fes gens la peine de les emmener. Après quoi il dépêcha un Exprès au Comte de Kévenhuller, pour l'informer de la prife de Scharding. Ce Gé-néral y envoya le Baron de Bérenklau, Ma-jor-Général, avec deux Régimens d'Infan-terie & feize cens Warafdins ; car con-noiffant combien ce pofte étoit important à fes deffeins, il voulut le mettre hors d'in-fulte.

Cependant Menzel profitant de fa bonne fortune, fe porta à Wilshoffen, pofte impor-tant fur le Danube, & dont la perte ne pou-voit qu'incommoder extrêmement la Garnifon de Lintz, à caufe du pont qui eft fur ce Fleuve, & que Menzel fit attaquer en même tems que la Ville. Il n'y trouva pas plus de réfiftance qu'à Scharding. Les Bavarois, foit qu'ils fuffent trop foibles, ou qu'ils fuffent troublés d'une irruption fi fubite, ne firent pas tout ce qu'on attendoit d'eux. Quel-ques-uns même de leurs Commandans furent convaincus de trahifon ou de lâcheté, & exé-cutés publiquement.

Le Comte de Kévenhuller reçut encore un renfort de trois Régimens de Cavalerie que le Prince Charles lui envoyoit de Bohême, &

un train confidérable d'Artillerie tiré de l'Arcenal de Vienne.

Les chofes fe trouvant fi favorablement dif-
pofées, Mr. de Kévenhuller s'approcha de
Lintz, & fit fommer le Commandant. On
lui fit dire qu'on feroit pendre à fa vue celui qu'il renverroit porter un femblable compliment. Là-deffus il fit attaquer les Faux-
bourgs par le Régiment de Dragons du Prince Eugéne, qui fut un peu maltraité par les
Grenadiers François. On le fit foutenir, &
le combat recommença: mais au bout de trois
quarts-d'heure les Autrichiens furent repouffés; & le Comte de Kévenhuller comprit qu'il
y avoit-là de bonnes troupes, qui lui feroient
payer cher la gloire de les forcer. Il fe contenta de les refferrer davantage, & de les affamer.

Le Feld-Maréchal Thöring, qui commandoit alors en Baviére les troupes de cet Electorat, voyant de quelle importance il étoit
de rétablir la communication avec Lintz, réfolut de tout tenter pour reprendre Scharding.
Il apprit fort à propos qu'un convoi de foin
parti de Furftenféele, & efcorté par quinze
Huffars, devoit entrer dans la Place, & qu'il
n'y pourroit arriver que dans la nuit. Sur
cela il prit les Régimens de Minuzzi, de Mo-
raviski, de Hohenzollern, & manda les Dragons du Comte de Piofafque, avec huit cens
Travailleurs, après quoi il fe mit en marche,
faifant mener deux piéces de canon à la queue
de fon détachement. Il découvrir le Convoi
affez près de la Ville, environ fur les neuf
heures du foir.

Ses

Ses Grenadiers n'eurent pas plutôt apperçu la petite escorte de Huffars, qu'ils firent feu deffus fort imprudemment ; car le bruit ayant donné de juftes foupçons à Bérenklau, il dé-fendit d'ouvrir les portes, aimant mieux per-dre le convoi que le pofte qu'il avoit en garde.

Thöring ne voyant pas jour à entrer dans la Ville par fineffe, voulut en venir à la force. Il fit attaquer la redoute qui couvroit le pont, & l'emporta après une vigoureufe réfiftance de la part des Autrichiens. Le Général Ba-varois fit alors avancer fes deux canons pour rompre la porte de la Tour ; à quoi il ne put réuffir, ou par l'ignorance de fes Cannoniers, ou faute de munition fuffifante. Pour comble de malheur, les Travailleurs ni les Dragons de Piofafque n'arrivoient point. Enfin il fit un nouvel effort, & ordonna aux Grenadiers d'aller enfoncer la porte à coups de hache. Mais à peine s'étoient-ils montrés, que les Autrichiens les faluérent d'un feu de mouf-quetterie qui les écarta bien vite. Ils fe jet-térent dans quelques granges qu'ils avoient à portée, & il n'y eut plus moyen de les faire avancer.

Le jour étant venu les Autrichiens firent une fortie, que le Général Bérenklau con-duifoit en perfonne. Il reprit la tête du pont l'épée à la main, & plufieurs Bava-rois furent tués, le refte regagna le gros du Détachement qui étoit à quelque diftance de-là.

Le Maréchal de Thöring crut qu'il étoit tems de fe retirer, & défila vers la Roth,

petite

petite Riviére qui se jette dans l'Inn au-dessous
de Scharding, dans le dessein de la passer, &
de rompre le pont après, pour se retirer plus
tranquillement sous Braunau. Mais il trouva
que Menzel avec ses Hussars l'avoit prévenu,
& qu'il avoit lui-même rompu le pont de la
Roth.

Il falut le racommoder, & à peine en étoit-
on venu à bout, qu'un Corps d'Infanterie Autrichienne & un gros de Hussars se firent
voir. C'étoit la meilleure partie de la Garnison
de Scharding, qui sur l'avis que Menzel avoit
rompu le pont, & qu'il observoit les Bavarois avec ses Hussars, se mit aux trousses des
premiers, pour achever de les défaire au passage de la Roth. Les Bavarois passérent néanmoins cette Riviére, mais ils étoient à peine
de l'autre côté, qu'ils eurent l'Ennemi sur
les bras.

Ce Corps d'Infanterie, à la tête duquel étoit
Bérenklau lui-même, se divisa en trois gros
pelotons, pour mieux enfermer les Bavarois,
& les Hussars s'ébranlérent pour commencer
l'attaque.

Les Bavarois firent une décharge hors de
portée, & frappés soudain d'une terreur panique, ils jettent leurs armes & se débandent qui
d'un côté qui de l'autre. Heureusement pour
eux, l'Infanterie Autrichienne étoit trop fatiguée pour pouvoir les poursuivre, & la
nuit, qui survint bientôt après, les déroba en
partie au fer des Hussars. Il faut aussi avouer
que la peur leur donnoit une telle légéreté,
qu'il étoit difficile de les atteindre. Sans cela il n'en seroit pas échappé peut-être un seul.

On

On leur tua environ cent cinquante hommes, & on leur en prit un peu davantage. Ils laifférent fur la place leurs deux piéces de canon, un mortier, & environ un millier de mousquets, dont la plupart étoient encore chargés. On leur enleva neuf drapeaux.

Après cette déroute, le Maréchal de Thöring ne fit plus que des efforts inutiles pour fecourir Lintz.

La Garnifon fe défendoit néanmoins toujours avec valeur. Elle faifoit de fréquentes forties, où il périffoit beaucoup de gens de part & d'autre ; & il y a apparence que fi Thöring eût réuffi à reprendre Scharding , & qu'avec un Corps tant foit peu confidérable il eût pu s'approcher des poftes des Affiégeans, les inquiéter, favorifer les forties des Affiégés, leur faire parvenir des vivres ; il y a apparence, dis-je, qu'on auroit été obligé d'abandonner cette entreprife. Mais le Général Bavarois n'ayant pu raffembler feulement fix mille hommes, & la Garnifon étant déjà réduite à manger de la chair de cheval, tous les Généraux furent d'avis de capituler. On députa deux Officiers de rang au Grand-Duc, qui ne voulut d'abord accorder d'autre condition que la vie & bagues fauves ; mais du refte il prétendoit que toute la Garnifon reftât prifonniére de guerre. Toutefois ayant confulté le Maréchal de Kévenhuller avant que de rien réfoudre, ce Général lui fit remarquer que la Garnifon étoit fi nombreufe, que fi on la réduifoit au défefpoir, elle pouvoit feule changer la fortune de la guerre. Que le Maréchal de Thöring fe remuoit beaucoup

pour

pour aſſembler un Corps capable de tenir la campagne. Qu'il pouvoit recevoir des troupes de Bohême ou de quelqu'autre endroit, & que pour peu que le ſiége durât encore l'Armée de la Reine ſe fondroit, & ſe diſſiperoit rebutée par la rigueur du froid & la crainte du mauvais ſuccès. Qu'il s'agiſſoit de redonner de la confiance aux Troupes, & qu'on ne pouvoit y réuſſir qu'en les menant en avant, & non en les arrêtant longtems devant une bicoque. Qu'enfin on étoit venu pour prendre Lintz & non pour le détruire, ce qui ne manqueroit pas d'arriver, ſi l'on réduiſoit l'Ennemi à la néceſſité d'une plus longue réſiſtance; & qu'il n'étoit pas encore tems d'affecter de la hauteur & de la fierté, qu'il faloit attendre des avantages plus marqués.

Telles furent les raiſons du Comte de Kévenhuller. Le Grand-Duc ne s'amuſa pas à le contredire, il étoit trop perſuadé de la prudence & de la fidélité de ce Général pour ne pas déférer à ſes ſentimens. Voici quelle fut cette Capitulation.

I. La Garniſon livrera la porte des Etats dès que la Capitulation aura été ſignée.

II. Elle ſortira le 24. avec tous les honneurs militaires, armes & bagages, & autant de canons qu'elle en a amenés avec elle de France.

III. On donnera une Liſte exacte des Généraux, Officiers & Régimens de la Garniſon, leſquels s'obligent à ne point prendre les armes contre la Reine de Hongrie directement, ni indirectement, durant l'eſpace d'une année.

IV.

IV. Les Troupes Françoises iront de l'autre côté du Danube, à Donawerth, & y resteront jusqu'à la mi-Avril, après quoi elles retourneront en France. Au cas que l'Armée de la Reine s'approche de Donawerth pendant que ces troupes y feront, Mr. de Segur s'oblige de se retirer dans tel endroit qui lui fera indiqué par celui qui commandera ladite Armée.

V. Les Troupes Bavaroises iront par le même côté dans le Haut-Palatinat, où elles feront reparties dans le plat-pays pendant une année.

VI. Le Comte Minuzzi fera rendre les ôtages qui ont été amenés de la Basse-Autriche.

VII. En cas qu'il se trouve des Déserteurs dans la Garnison, on fera obligé de les rendre tant de la part des François que de celle des Bavarois.

VIII. Il ne fera détourné aucun Ecrit des Archives, & ceux qui pourroient en avoir été pris feront rendus.

IX. On accorde à Mrs. les Officiers François qui font prisonniers de guerre, la liberté d'aller chez eux, jusqu'à ce qu'ils soient échangés. *Signé* : Le Comte de Segur, le Comte Minuzzi, le Prince de Zollern.

Il y avoit dans la Place 17. Bataillons, 2. Régimens de Dragons, & 2. de Cuirassiers. Savoir, Infanterie : Royal-Vaisseau, Turenne, Rohan, Prince-Clément, chacun de 3. Bataillons : Souvrai, Prince-Electoral, de 2. Bataillons, & un Bataillon de Royal-Artillerie. Dragons, Beaufremont & l'Hôpital ou Vitri.

tri. Cuiraſſiers : Régimens d'Urmée & Coſta.

Ces Troupes étoient commandées par le Comte de Ségur Lieutenant-Général, par les Princes de Rohan, de Tingri & de Zollern ; les Marquis de Marcieux, de Chatelet & de Souvrai, Mylord Clare, le Comte Minuzzi, Mrs. de Beaufremont, de l'Hôpital, Turmeni & Frédérico. Elles étoient à peine à deux lieues de Lintz, qu'elles rencontrérent un gros de Huſſars qui les guettoit, & qui les laiſſa paſſer tranquillement. Mais pour les équipages qui ſuivoient à quelque diſtance, les Huſſars les arrêtérent, & quelque choſe qu'on pût leur dire de Lintz, de Garniſon, de Capitulation, ils ne voulurent rien entendre, & ſe mirent à piller. Quand ils ſe virent chargés de butin, ils s'en allérent, après avoir maſſacré quelques valets d'equipage.

On ſera peut-être ſurpris d'une pareille violence, ſi contraire aux Loix de la Guerre : mais quand on connoît les Hongrois, il n'y a plus lieu de s'étonner. C'eſt une Nation auſſi pauvre & auſſi miſérable qu'il eſt poſſible de ſe l'imaginer. Les vivres ne ſont pas chers en Hongrie, mais l'argent y eſt extraordinairement rare ; de-là vient que les habitans ſont tous a-donnés au vol, & ils tuent ordinairement ceux qu'ils volent, deſorte qu'il ne fait pas ſûr de voyager ſeul chez eux. Avec de telles inclinations, on juge bien qu'ils ne ſont pas gens à reſpecter beaucoup ni Paſſeports, ni Capitulations, ni rien de tout ce qui peut les empêcher de butiner. La Hongrie eſt un Pays gras & fertile ; mais n'y ayant ni commerce, ni induſtrie, il ne peut y avoir de richeſſe. Les

plus

plus belles Villes de Hongrie ne contiennent qu'un tas de chaumiéres enfumées , auxquelles on ne peut que très-improprement donner le nom de maison. Qu'on juge par-là des Villages.

Les Hongrois ne connoiſſent d'autre voie pour s'enrichir que la guerre ; toute leur induſtrie eſt dans la lame de leurs ſabres.

Il ſuffit de leur montrer quelque joyau d'or ou d'argent, & de leur dire qu'on l'a gagné à la guerre ; que s'ils veulent venir on les ménera dans un Pays riche, où une ſeule courſe ſuffira pour les enrichir, on eſt ſûr d'avoir des recrues plus qu'on n'en voudra. Ces Payſans montent à cheval avec leur ſabre au côté, & portent dans les Armées une férocité , & une avidité de butin qui leur tient lieu de valeur.

Le Comte de Ségur, inſtruit de la violence des Huſſars, s'en plaignit au Comte de Ké-venhuller par une Lettre qu'il lui écrivit. Le Général Autrichien, craignant que les François ne priſſent occaſion de cette infraction à la Capitulation, pour ne la pas obſerver, & pour employer ces troupes contre la Reine, répondit avec beaucoup de douceur, deſapprouvant hautement la conduite des Huſſars, & l'excuſant du mieux qu'il pouvoit, offrant au ſurplus de réparer tout le dommage qui s'étoit fait. Il prioit le Comte de Ségur de le faire eſtimer, & ayant ſu qu'on le faiſoit monter à ſix mille florins, il fit payer cette ſomme aux Commiſſaires des Troupes Françoiſes, & défendit ſous des peines rigoureuſes, aux Chefs des Pandoures & des Huſſars, de s'émanciper à l'avenir à des actions de cette nature

Tom. II.   D   Apr̀es

Après le succès du Siége de Lintz, les Autrichiens profitant de leur avantage, vinrent assiéger Passau. Ils y trouvérent aussi peu de résistance qu'à Scharding. Le château d'Oberhaus, qui pouvoit tenir plusieurs jours, se rendit dès la premiére sommation. Il sembloit que les Commandans Bavarois se fussent donné le mot pour ne rien faire qui vaille. Braunau ne tint pas vingt-quatre heures; & ce qu'il y a d'extraordinaire, c'est que les Autrichiens ne faisoient pas l'honneur à ces Places de les venir attaquer en forces: ils envoyoient seulement des Détachemens, qui s'en emparoient chemin-faisant.

L'Armée du Comte de Kévenhuller s'approcha de Straubingen; mais jugeant que cette Place, l'une des meilleures de la Baviére, pouvoit l'arrêter longtems; que son Infanterie étoit trop fatiguée, & ne pouvoit plus camper à cause de la rigueur du froid, il la mit dans des quartiers de cantonnement, pendant que ses Hongrois battoient l'estrade, & mettoient tout à feu & à sang.

Mr. Menzel se distingua sur-tout par le stile d'un Manifeste qu'il répandit dans toute la Baviére. Il y menaçoit les Bavarois qui seroient trouvés les armes à la main, à la réserve des Soldats des vieux Corps, de leur faire couper le nez & les oreilles.

A la lecture de cet étrange Manifeste, la Régence de Munich envoya des Députés au Général Bérenklau, pour lui représenter que si on exécutoit les menaces en question, on agiroit contre les loix de la Guerre; que les Milices du Pays, pour n'être pas de vieux

Corps,

Corps, n'en étoient pas moins des troupes; que d'ailleurs de telles cruautés n'étoient jamais pratiquées parmi des Chrétiens.

Bérenklau ne leur répondit que par cet axiôme d'un ancien Roi Gaulois, *malheur aux vaincus.* Ajoûtant que Mr. Menzel * avoit ordre de traiter avec la derniére rigueur, ceux qui s'oppoſeroient aux progrès des Armes de la Reine, à moins que ce ne fuſſent des troupes réglées.

Sur ce pied-là les Alliés auroient pu mutiler tous les Talpaches, Croates, Pandoures &c. qui tomboient entre leurs mains, & qui certainement ne font pas plus troupes réglées que les Miliciens Bavarois.

Non contens de pénétrer en Baviére par la Haute-Autriche, les Autrichiens tentérent d'y entrer par le Tyrol, & y réuſſirent, ayant pris des routes inconnues, & évité par ce moyen les poſtes que les Bavarois occupoient de ce côté-là, & qui auroient pu les arrêter trop longtems. Je ne ferai que copier ici la relation qu'ils publiérent eux-mêmes de cette entrepriſe.

En conformité des diſpoſitions faites par le Général Comte de Lanoi, le 10 de Février, le Comte de Portugal & Puéhla, Colonel du Régiment du vieux Comte de Königſeg, à la tête du Bataillon du Corps de ce Régiment, de deux Compagnies de Grenadiers, & de

deux

---

* Il m'eſt tombé entre les mains un Livre Allemand qui contient l'Hiſtoire de ce Partiſan. L'Auteur lui donne le titre d'Excellence, & le met fort au-deſſus des Héros anciens & modernes. Sa femme y eſt appellée Comteſſe.

D 2

deux cens Croates, se mit en marche de Kutzbuchel vers Kössen, & sur les huit heures du
soir le Marquis de *Campo* Major du même
Régiment marcha avec le Bataillon du Colonel
de Reitkirchdorf à Reiterwinkel en Baviére,
dont les habitans se soumirent d'abord.

A dix heures du soir, 400. Paysans commencérent à frayer un chemin, qu'on avoit
tracé la veille de Kutzbuchel du Lac de Taup-
pen, & de ce Lac à Oberwussen, à Unter-
wussen, & à Grassau en Baviére par des montagnes impraticables, où de l'aveu de tous les
habitans du Pays personne n'avoit passé de
mémoire d'homme. Cet ouvrage fut fini le
lendemain, & par-là, au-lieu qu'il auroit falu
en prenant le chemin ordinaire, attaquer les
retranchemens & les forts dont les Bavarois avoient garni les débouchés, on se trouva en état de les prendre par derriére. Le
11. Mr. le Major-Général se mit en marche
avec le Corps qui avoit passé la nuit à Kössen, & à cinq heures de l'après-midi il entra
dans le Territoire de Baviére par ce nouveau
chemin, sans avoir laissé un seul homme en
arriére.

Le second Bataillon qui étoit resté à Reiter-
winckel, le suivit sous les ordres du Major,
après avoir été relevé par un Bataillon commandé par le Lieutenant-Colonel Baron de
Schenzel ; pendant ce tems-là le premier Corps
fut renforcé par 400. Croates. On marcha
cinq heures dans cet ordre avant de gagner le
sommet de la montagne, dont tous les environs étoient occupés & parcourus par les Tireurs du Pays que l'on avoit envoyés plusieurs
lieues

lieues à la ronde pour reconnoître le terrain. Lorsqu'on fe trouva fur la cime de la montagne, on defcendit un peu pour aller occuper une éminence avantageufe, d'où l'on découvrit tant fur la hauteur oppofée que fur toutes les autres des Milices Bavaroifes, qui tirérent quantité de coups de fufil & de boëtes. On leur fit figne d'approcher, & on leur envoya même des gens avec des Lettres de fommation, mais ils fe retirérent par pure crainte, comme on l'apprit peu après. De cet endroit on détacha une Compagnie de Grenadiers, & une de Fufeliers avec 100. Croates, pour aller reconnoître Oberwuffen, qu'on trouva abandonné par les Habitans.

Là-deffus, la feconde Compagnie des Grenadiers marcha à Unterwuffen avec 240. Croates. Le Major prit dans le même tems pofte à Graffau avec le Bataillon qu'il commandoit; & non content d'avoir laiffé par précaution des piquets fur toutes les hauteurs, les 200. Croates qui étoient reftés en arriére, reçurent ordre de fuivre, & arrivérent à dix heures du foir, les Compagnies de Grenadiers étant arrivées dans les deux premiers endroits à quatre heures, & les autres troupes à cinq.

A fept heures, Mr. de Winfer Colonel des Tireurs, & le Lieutenant-Ingénieur Ranker, reçurent ordre du Général Lanoi de fe détacher avec une Compagnie de Grenadiers & une de Fufeliers, pour aller fommer & attaquer, en cas de refus, le fort que les Bavarois avoient à l'endroit nommé Wafferfal; mais y étant arrivés, ils trouvérent que le Capitaine Bavarois qui y commandoit 300. Miliciens,

D 3

l'avoit

l'avoit abandonné, & s'étoit sauvé avec tout son monde dans les montagnes. Comme ce fort bouchoit absolument la sortie du Tyrol de ce côté-là, il fut démoli & brulé par ordre du Général.

Le 12. quatre cens Croates s'avancérent à Graffau, d'où le Major de Campo marcha avec son Bataillon à Scheltingen. Ces quatre cens Croates ayant ensuite été joints par quatre cens autres, poussérent jusqu'à Nieder-Wuffen. Le château de Marquaftein, qui est aux environs, fut sommé de se rendre, ce qu'il fit & reçut une Compagnie de Grenadiers. Il y avoit encore quelques forts & quelques retranchemens dans ces quartiers. Le Major Campo fut chargé de s'en emparer. Il n'eut pas de peine à y réuffir, l'Officier Bavarois qui y commandoit, les ayant abandonnés avec précipitation la nuit du 13. au 14. La même nuit il arriva chez le Général Lanoi un Commiffaire Bavarois avec les Officiers & Jurés du Ban de Trauftein pour faire leurs soumiffions.

Le 14. on entra dans ce Ban, & l'on y joignit le Lieutenant Feld-Maréchal de Stentz, qui étoit entré en Baviére par un autre chemin avec un Corps plus confidérable, & presque dans le même tems il y arriva 500. Huffars de l'Armée du Feld-Maréchal Kévenhuller.

Ce fut ainfi que la Baviére se vit tout d'un coup inondée de Troupes Autrichiennes & Hongroifes du côté du Midi & de l'Orient; & qu'elle fut livrée en proie aux Payfans de Hongrie & à ceux du Tyrol, qui couroient le fer & la flamme à la main lever des contributions

butions fur un peuple naturellement peu riche, & déjà épuifé par les guerres précédentes, pendant que les Troupes réglées fe tenoient dans leurs quartiers de cantonnement,
pour couvrir les conquêtes qu'on venoit de
faire & pour fe préparer à de nouvelles.

En attendant le Colonel Mentzel fut détaché avec un Corps de quatre à cinq mille
hommes pour marcher du côté de Munich, &
tâcher de s'emparer de cette Capitale. La chofe n'étoit pas difficile. Munich eft une grande & belle Ville, mais n'eft nullement fortifiée. Elle eft le lieu de la réfidence des Elec-
teurs de Baviére. Sa fituation près de l'Ifer la
rend fort agréable. Elle contient beaucoup
d'Eglifes & de Monaftéres. Le Palais des E-
lecteurs eft très-magnifique. On dit que Gus-
tave-Adolphe ayant pris Munich, & ayant vu
le Cabinet & la Bibliothéque Electorale, s'é-
cria que le plus puiffant Prince du Monde ne
fe trouveroit pas déplacé dans cette Ville.

Elle tomba entre les mains des Autrichiens
après la bataille d'Hochftet. Ils la traitérent
comme tout le refte de la Baviére, c'eft-à-dire
avec une dureté qui révolta les Peuples.

Les Officiers que l'Empereur Jofeph y avoit
établis y commirent de fi terribles exactions,
que le Pays fe trouva bientôt dans la derniére
mifére. Le défefpoir mit les armes à la main
des Habitans. Plus de vingt-mille Payfans fe
foulevérent. Ils avoient plufieurs Gentilshommes à leur tête. Après avoir défait quelques petits détachemens d'Impériaux, ils fe
préfentérent devant Munich, efpérant que les

has

habitans les favoriferoient & prendroient les armes contre la Garnifon : mais perfonne ne branla ; foit que la crainte d'être pillé par les uns & les autres retînt les habitans, foit que le Gouverneur eût pris de bonnes mefures pour les empêcher de remuer. Comme les Payfans n'avoient ni munitions, ni artillerie, ils furent bientôt obligés de fe retirer. La plus grande partie de la Garnifon les fuivit la veille de Noël 1705. & les atteignit à Seulingen, Village à une lieue de Munich. Il fe donna-là un grand combat, où les Payfans furent défaits malgré leur nombre. Trois mille d'entre eux furent tués, le refte fut diffipé, ou faits prifonniers. Les Impériaux prirent auffi plufieurs Gentilshommes Bavarois à qui ils firent trancher la tête fans miféricorde, & les impôts furent augmentés chez le Peuple, deforte que fon fort ne fit qu'empirer.

Auffitôt que la Régence eut avis de l'approche de Mr. Menzel, elle lui envoya des Députés pour convenir avec lui d'une Capitulation raifonnable. Voici les Articles qui lui furent propofés avec les réponfes qu'il y fit.

Capitulation de Munich.

I. Auffitôt que le Feld - Maréchal Comte de Kévenhuller aura ratifié ces Articles, la Ville de Munich fera livrée au Colonel Menzel, & il fera permis à la Garnifon, Officiers, Gens d'Artillerie, & tout ce qui dépend du militaire, de fe retirer à Ingolftadt, avec tout ce qui leur appartient ; & pour en faciliter le tranftranſport, on leur fournira gratis les voitures & chevaux d'attelage néceſſaires.

Accordé, mais ils ſortiront ſans armes & ſans munitions, conformément au ſecond Article de mes propoſitions.

II. Il ſera permis aux deux Commandans de dreſſer un Inventaire de l'Artillerie, Munitions, & autres Attirails de guerre qui ſont dans les Arcenaux & ailleurs; mais le tout reſtera ici ſans qu'on puiſſe y toucher.

Cela dépend de Mr. le Feld-Maréchal Kévenhuller, qui ſans-doute l'accordera.

III. On ne forcera ni Soldats, ni Bourgeois, ni Habitans à prendre parti dans les troupes de la Reine de Hongrie, & l'on accordera le pardon aux Déſerteurs qui pourront ſe trouver ici.

Accordé.

IV. En cas que quelque Officier ou Soldat ſoit obligé de s'arrêter ici, ſoit pour ſes affaires particuliéres, ſoit à cauſe de maladie, il lui ſera accordé un certain tems, après lequel il lui ſera libre de ſe retirer.

Accordé.

V. Afin que les Articles de la Capitulation ſoient obſervés religieuſement, Mr. le Général Comte de Kévenhuller les ſignera & les ratifiera. Juſques-là tout demeurera *in ſtatu quo*, excepté la Porte de Neuhaus, comme on verra plus bas.

Accordé, d'autant qu'il eſt juſte qu'on ait quelques égards poar une Ville Capitale.

VI. Tout le Territoire & les Etats, auſſi-bien que la Ville Capitale, ſeront maintenus & conſervés dans leurs anciens Priviléges,

& Libertés, fans les y troubler le moins du monde.

On ne doit pas douter que la Reine de Hongrie n'accorde cette demande.

VII. La Réfidence Impériale de cette Ville & les Maifons de plaifance des environs, avec leurs meubles, peintures & tout ce qui leur appartient, Cabinet de Curiofités, le Magazin des Harnois, les Ecuries, les Haras, & tout ce qui eft deftiné pour leur entretien, de-même que les Archives, Bibliothéque, Attirails de chaffe, & tout ce qui appartient à Sa Majefté Impériale, avec les Salines de Reichenthall & de Trauftein, feront confervés dans leur entier fans y toucher, & pour leur fûreté on mettra des Sauve-gardes dans les lieux convenables.

Quoique cela dépende d'une difpofition fupérieure, on ne doute point qu'il ne foit accordé.

VIII. On agira de-même à l'égard des Miniftres Impériaux abfens & préfens, de l'Hôtel des Etats, de l'Arcenal, des Maifons de la Nobleffe & des Etats.

Accordé.

IX. On ne permettra le pillage ni dans les Villes, ni dans les Bourgs, ni dans aucun lieu du Pays en aucun tems, ni fous quelque prétexte que ce puiffe être. On ne touchera aux poffeffions de perfonne, ni à rieu de tout ce qu'on a fauvé de la campagne dans cette Ville ; & il fera permis à tout propriétaire d'emporter chez foi ce qui lui appartient fans aucun empêchement & fans rien payer. De-

même

même l'entrée des vivres dans cette Capitale sera entiérement libre.

Accordé.

X. Les Tribunaux Impériaux , Officiers Civils, & les Domeftiques feront confervés dans leurs poftes & appointemens : les Invalides & les Veuves continueront à jouïr de leurs penfions.

Cela dépend d'une difpofition fupérieure.

XI. On accordera des paffeports pour faire de tout ceci le rapport où il conviendra.

Accordé.

XII. Si l'on met dans cette Capitale une Garnifon, elle ne pourra être que de troupes réglées, & Mr. le Feld - Maréchal conviendra fans-doute que les troupes ne fauroient être mieux que dans les Cazernes.

Mr. le Feld-Maréchal ne fera pas contraire à cela.

XIII. L'Arcenal qui appartient à cette Ville, fera confervé en fon entier, & il n'y fera point touché.

De-même que ci-deffus.

XIV. Après que l'on aura duement figné ces Articles, on livrera à Mr. le Colonel Menzel la Porte de Neuhaufs.

Le tout fera obfervé fidélement.

Fait dans cette Capitale de Munich le 13. Février. 1742. Signé &c.

Après que le Feld-Maréchal Autrichien eut figné cette Capitulation, moyennant quelques modifications auxquelles il falut fe foumettre, les troupes de la Reine furent mifes en poffeffion

fion de Munich, & y exigérent des contributions exorbitantes. L'Electeur de Baviére
apprit cette fâcheufe nouvelle le jour même
qu'il fut facré Empereur.

Ce Prince étoit parti de Prague, peu de
jours après avoir été reconnu Roi de Bohême.
Il fe rendit à Fracfort, & y fut élu Roi des
Romains, nonobftant toutes les proteftations
des Miniftres de la Reine de Hongrie. La
voix de Bohême demeura fufpendue, & Mr.
de Brandau, Miniftre de Sa Majefté Hongroife, fut obligé de fortir de Francfort, ne pouvant concourir à l'élection. Quelque haute &
élevée que foit la Dignité Impériale, je ne
fai fi elle pourra dédommager Charles VII. des
maux que fa Baviére a foufferts. Ils font tels
que de trente ans ce beau Pays ne pourra s'en
relever. Nous verrons en fon lieu de quelle
maniére il a été traité. Revenons en Bohême & en Moravie.

Depuis les mouvemens des Pruffiens & des
Saxons pour entrer dans ce Marquifat, on ne
fe battoit plus en Bohême avec la même cha-
leur. Les Autrichiens, attentifs à garantir l'Autriche, fe tenoient toujours à portée d'y pouvoir rentrer dès que la néceffité le requerroit.
Ils continuoient à cantonner entre Budweis
& Neuhaufs, envoyant de tems en tems des
Partis en Bohême pour inquiéter les François
& enlever leurs convois.

Au commencement de Février 1742. les Généraux Autrichiens ayant eu avis que le Marquis de Ximenès, Lieutenant - Général dans
l'Armée de France, envoyoit de Wollin un convoi de vivres à Wimberg, lieu fitué dans les

mon-

montagnes qui séparent la Bohême de la Baviére, détachérent 200. Cuirassiers, avec autant de Dragons, & un nombre pareil de Hussars. L'escorte du Convoi n'étoit que de 60. Grenadiers, & de 150. Maîtres. Le Détachement Autrichien marcha en diligence à un Village nommé Chim, où le Convoi s'étoit arrêté. Ils y arrivérent dans le moment que les François se disposoient à continuer leur route.

L'Officier qui commandoit ces derniers n'eut pas plutôt apperçu l'Ennemi, que sans s'effrayer de leur nombre, il pensa à mettre le convoi en sûreté, & à faire la plus longue résistance qu'il lui seroit possible. Pour cet effet il fit passer les chariots chargés de vivres derriére le Cimetiére de l'Eglise de Chim, sa Cavalerie se posta sur les ailes des chariots, & avec ses soixante Grenadiers il entra dans le Cimetiére. En même tems il dépêcha un Cavalier à Mr. le Marquis de Ximenès, pour lui donner avis qu'il venoit d'être attaqué par un Parti ennemi de six cens chevaux, & le prier de lui envoyer du secours. L'Officier Autrichien fit sommer le Commandant François de se rendre prisonnier de guerre avec tout son monde, le menaçant, en cas de refus, de le faire passer au fil de l'épée. On lui répondit qu'on ne le craignoit pas, & là-dessus il fit mettre pied à terre à ses Dragons pour forcer le Cimetiére, pendant que ses Hussards & ses Cuirassiers en faisoient le tour, pour venir attaquer l'Escadron François qui gardoit le Convoi.

Les Grenadiers François firent, à bout
tou-

touchant, une décharge fur les Dragons Autrichiens, qui en tua dix à douze & en blessa
autant.   Les Hussards & les Cuirassiers n'en
purent jamais venir à l'arme blanche avec les
Cavaliers François, parce que de ce côté-là
le Cimetiére étoit couvert de haies & de hauteurs, qui les empêchoient de s'approcher de
plus près que de la portée du pistolet.   Le
combat se passa à coups d'armes à feu.   Les
Dragons tentérent plus d'une fois d'escalader
la muraille du Cimetiére, mais ils furent
toujours repoussés.   Trois heures s'écoulé-
rent de cette maniére, sans qu'on pût dire
qui l'emporteroit; les deux Partis montrant
une égale bravoure, l'un à attaquer, l'autre
à se défendre, lorsqu'enfin un renfort de
cent cinquante Cavaliers, ayant chacun un
Fantassin en croupe, arriva de Wollin.   Le
Marquis de Ximenès en avoit donné le Commandement à Mr. de Montauban, Lieutenant-
Colonel du Régiment d'Orléans.   Cet Officier entendant tirer, jugea que l'affaire n'é-
toit pas finie.   Il fit mettre ses Fantassins à
terre, les divisa en petits pelotons, & les
fit marcher droit au Cimetiére du côté où
l'attaque se faisoit, & avec sa Cavalerie il
alla tomber dans le flanc des Cuirassiers &
des Hussards Autrichiens, qui prirent aussitôt la fuite, aussi-bien que les Dragons.   On
ne s'amusa pas à les poursuivre, on ne pensa
qu'à faire avancer le Convoi, qui arriva heureusement au lieu de sa destination. Les Autrichiens perdirent plus de cinquante hommes
dans cette rencontre, & en eurent environ
cent de blessés.   Du côté des François, un
Lieu-

Lieutenant & douze tant Grenadiers que Cavaliers furent tués, & une vingtaine furent bleſſés.

Cependant le Roi de Pruſſe s'avançoit dans la Moravie, faiſant le dégât par-tout où il paſſoit, afin d'ôter aux Ennemis l'eſpérance d'y pouvoir ſubſiſter, au cas que l'envie leur prît de le ſuivre dans cette Province. Mais cette précaution, que la raiſon de guerre peut juſtifier, fut funeſte aux Saxons; car comme ils venoient après les Pruſſiens, ils avoient le deſagrément de ne trouver que des quartiers ruinés & dépourvus de tout; deſorte qu'ils ſouffroient la diſette, ni plus ni moins que ſi l'Ennemi en ſe retirant, avoit tout ravagé pour les incommoder. Les Pruſſiens qui faiſoient l'Avant-garde de tout, ne manquoient jamais de bons gites; mais comme ils avoient ordre de détruire toutes les proviſions, & les meubles qu'ils ne pourroient pas emporter, ceux qui venoient après eux, ne trouvoient que des endroits déſolés, où ils manquoient de tout. On dit que le Comte Rutowski, qui commandoit en chef les Saxons, ne pouvant plus être témoin de la miſére de ſes troupes, demanda ſon rappel. Ce qu'il y a de ſûr, c'eſt que ce Seigneur quita tout d'un coup l'Armée, dont il laiſſa le commandement au Chevalier de Saxe, & revint à Dreſde, d'où il ne ſortit plus pour retourner en Bohême.

Les Saxons achevoient de conſumer ou de détruire le peu que les Pruſſiens avoient laiſſé après eux, deſorte qu'en fort peu de tems tout ce beau Pays ſe trouva réduit à la derniére

niére pauvreté. Les Payſans fuyoient de tous côtés, emportant ce qu'ils avoient de meilleur. L'Ennemi obligeoit ceux qui tomboient entre ſes mains à lui découvrir le grain, & autres denrées qu'ils avoient cachées. Tout ce qui ne pouvoit être conſumé étoit détruit ſur le champ. On entroit violemment dans les châteaux & dans les meilleures maiſons. On enlevoit l'argent & les meubles les plus précieux; on ruinoit ce qui ne valoit pas la peine d'être emporté, ou qui paroiſſoit trop embarraſſant. En un mot ce Marquiſat, qui naguéres étoit regardé comme le plus beau & le plus riche de l'Allemagne, n'étoit plus qu'un Pays déſolé & un ſujet de compaſſion: effet ordinaire & triſte du plus redoutable de tous les fléaux.

Le 14 de Février l'Armée Pruſſienne & Saxonne ſe mit en marche au-travers du Cercle de Czaſlau, pour s'approcher d'Iglau, petite Ville de Moravie qui tire ſon nom de la Riviére d'Iglau ſur laquelle elle eſt bâtie. Ce poſte étoit important pour favoriſer la communication avec la Bohême, étant ſituée ſur les Frontiéres de ce Royaume. Le Roi de Pruſſe détacha le Prince Diderich d'Anhalt-Deſſau, Lieutenant-Général de ſes Armées, pour s'aſſurer de ce poſte, pendant que l'Armée s'avançoit plus lentement de côté-là. Les troupes que le Prince d'Anhalt commandoit pour cette expédition, étoient compoſées de Pruſſiens & de Saxons, auxquels s'étoient joints quatre cens Grenadiers François, & un Eſcadron de Dragons du Corps de Mr. de Polaſtron.

Ce Détachement arriva le 15 à la pointe
du

du jour au Village de Heradifch, où il s'arrêta pour fe raffembler. De-là il marcha jufqu'à l'entrée d'un Bois, à une lieue d'Iglau. Quatrevingts Huffars parurent fur une hauteur du côté de Pirnitz. Le Général Rochau y marcha avec les Oulans & les Huffars Pruffiens. Il les pourfuivit jufqu'au bout d'un Bois taillis, où il les vit fe joindre à quatre Efcadrons de leurs troupes. Le Prince Charles de Lorraine avoit envoyé le Prince de Lobkowitz pour obferver les mouvemens des Ennemis, & celui-ci avoit détaché ces Efcadrons pour apprendre de leurs nouvelles. Les Oulans ne balancérent pas à les aller attaquer foutenus des Huffars Pruffiens, & après un combat affez vif, où il y eut du monde tué de part & d'autre, les Autrichiens fe retirérent en bon ordre vers Iglau.

Sur l'avis de l'approche des Ennemis, le Prince de Lobkowitz retira les troupes & les munitions qui étoient dans cette Ville, & l'abandonna entiérement: deforte que fur le foir les Alliés s'en étant approchés, s'en emparérent fans réfiftance.

Toute l'Armée entra peu de tems après en Moravie, & marcha droit vers Brinn, la meilleure, ou plutôt la feule fortereffe de la Moravie. Elle eft défendue par une citadelle appellée Spielberg, & fituée fur une hauteur qui en rend l'approche très-difficile. L'Avargarde fut continuellement aux mains avec les Huffars, pendant cette marche. On vint fe pofter à Wifchau, où le Roi de Pruffe établit fon quartier. On y féjourna jufqu'au 7. de Mars, jour auquel l'Armée fe remit en marche,

che, & vint s'établir aux environs de Brînn, le quartier-général à Chornim, à une lieue de cette Ville, qui par la poſition des troupes ennemies ſe trouva comme bloquée.

La Garniſon qui s'y trouvoit étoit nombreu-ſe, on la faiſoit monter à plus de ſept mille hommes. Avec de pareilles forces le Com-mandant de la Place crut pouvoir inquieter les quartiers des Ennemis, & même en enlever quelques-uns qu'il eſpéroit ſurprendre. Il ſut que le Comte de Truhſes-Walbourg, Major-Général des Troupes Pruſſiennes, étoit poſté avec un ſeul Bataillon de ſon Régiment dans un Bourg nommé Leſch. Il forma auſſitôt le deſſein de l'enlever. Pour cet effet il fit ſor-tir, la nuit du 14. au 15. de Mai, deux mille hommes de ſa Garniſon, ſous les ordres du Co-lonel Terzi, avec ordre d'aller attaquer le poſ-te du Comte de Truchſes. Celui-ci étoit ſur ſes gardes. Le Colonel Autrichien vit bien qu'il ne faloit pas ſonger à le ſurprendre, mais à le forcer. Cependant il fit avancer un Trompette, qui ſonna l'appel, & demanda à parler au Comte lui-même. On le fit en-trer. Il dit que le Colonel Terzi ayant in-veſti le Bourg avec deux mille hommes, il faiſoit ſavoir aux Pruſſiens qui y étoient, & en particulier à lui Comte de Truchſes, qu'ils ne pouvoient lui échapper; que néanmoins, pour épargner l'effuſion du ſang humain, il offroit de les recevoir priſonniers de guerre, promettant qu'on ne toucheroit point à leurs effets; que s'ils n'acceptoient pas au plutôt ce parti, il ne répondoit pas des ſuites. Le Comte de Truchſes renvoya le Trompette,

le

le chargeant de dire au Colonel Terzi qu'il étoit réfolu de fe défendre jufqu'à la derniére extrémité. L'attaque commença par un feu terrible de part & d'autre ; mais celui des Pruffiens étoit fupérieur, quoiqu'ils fuffent en beaucoup plus petit nombre. Le Commandant Autrichien, déconcerté par cette réfiftance à laquelle il ne s'attendoit pas, fit de nouveau fommer le Comte de Truchfes, avec menace de faire mettre le feu au Bourg, & de ne point donner de quartier ; mais il reçut la même réponfe. Sur quoi il fut en effet mettre le feu aux maifons voifines. Deux petites piéces de canon que les Pruffiens avoient avec eux, commençoient déjà à jouer & à incommoder fort les Autrichiens, lorfque l'Ennemi s'apperçut que le feu fe communiquoit d'une maifon à l'autre.

Le Général Pruffien ne voyant point d'autre moyen d'échapper, que par un de ces coups hardis que quelquefois la fortune favorife, réfolut de fe mettre à la tête de fa troupe, & de fe faire jour l'épée à la main au-travers de l'Ennemi. Il avoit remarqué que depuis que les deux canons tiroient, le feu des Autrichiens avoit beaucoup diminué ; il jugeoit de-là qu'ils ne devoient pas être en fort bon ordre. Enfin les ténébres de la nuit le favorifoient, & il valoit mieux mourir en combattant que dans les flammes d'un incendie.

Il fit connoître fon deffein aux principaux de fes Officiers. Il les trouva bien difpofés. Les Soldats fortent la bayonette au bout du fufil, & chargeant les Autrichiens, les font

re-

reculer, & les obligent à se retirer, laissant plus de cent hommes morts, & pour le moins autant de blessés. Du côté des Prussiens quarante hommes furent tués, & plusieurs blessés, entre autres huit Officiers, parmi lesquels on comptoit le Général Truchses, blessé légérement au bras: le Marquis de Varennes, Lieutenant-Colonel du Régiment de ce Général, reçut une blessure à la cuisse, outre une contusion au bas-ventre.

Il se passoit peu de jours qu'il n'y eût de pareilles rencontres, soit avec la Garnison de Brinn, soit avec les Partis de Hussars qui battoient sans-cesse l'estrade.

Le Roi de Prusse, ayant laissé quelques troupes aux environs de Brinn, marcha jusqu'à Znaïm à huit lieues de Vienne, menaçant cette Capitale d'un siége. Il prit son quartier à Nicolsbourg, château situé sur les frontiéres de l'Autriche, d'où il détacha des Partis qui firent des courses jusqu'aux portes de Vienne, & jusqu'en Hongrie. En effet, ayant eu avis qu'un Corps de Milice Hongroise devoit s'assembler à Scalitz, Place peu considérable de Hongrie sur les confins de l'Autriche, il détacha le Prince Diedrich d'Anhalt avec quatre Bataillons & vingt Escadrons, pour les dissiper. Le Prince ne trouva que quatre cens hommes de cette milice dans le château de Scalitz, le reste au nombre de cinq mille hommes, ayant eu vent de sa marche, s'étoit sauvé qui d'un côté qui de l'autre, sans qu'il y eût moyen de les atteindre. Les quatre cens hommes du château de Scalitz se

rendi-

rendirent dès la premiére sommation. Ils furent faits prisonniers de guerre.

Dans toutes ces petites rencontres qui ne décidoient de rien, il se faisoit quelquefois des actions de valeur, qui ne sont pas indignes de l'Histoire. Un Caporal du Régiment du Colonel Franckenberg des Troupes Saxonnes, se défendit un jour avec huit hommes contre plus de cent Hussards, & se battit avec eux assez longtems, pour que son Colonel vînt à son secours & le dégageât. Je suis fâché de ne pas savoir le nom de ce brave homme, qui fut fait Officier après la Campagne, je l'aurois volontiers mis dans cet Ouvrage.

Le Prince Charles ayant eû des avis certains de la marche du Roi de Prusse dans la Moravie, rappella le Prince de Lobkowitz, & lui laissant un Corps d'environ huit mille hommes, il le chargea du poste de Budweis, & l'exhorta à employer toute son expérience & son habileté à le conserver, puisque de-là dépendoit en quelque sorte l'espérance de reconquérir bientôt la Bohême. Ensuite ce Prince quita Neuhaufs avec le reste de son Armée encore forte de près de quarante mille hommes, & s'approcha du Danube, marchant de maniére qu'il avoit le dos tourné vers l'Autriche Supérieure & vers la Baviére, qu'il couvroit, sa droite le long du Danube pour défendre la Hongrie & l'Autriche inférieure, & sa gauche côtoyant la Moravie, où il pouvoit entrer quand il lui plaîroit, soit pour y attaquer les Prussiens, soit pour leur couper la retraite.

Le Roi de Prusse sentit bientôt toute la sa-

 gesse

geſſe de cette conduite, & il ne fut pas longtems à s'appercevoir que pour peu qu'il tardât à ſe rapprocher de la Bohême, le Prince Charles pouvoit lui en intercepter la communication. Que d'ailleurs ce Prince n'avoit qu'à entrer en Moravie, pour lui couper la ſubſiſtance, & faire périr ſon Armée. Ce fut ſur cela que le Roi de Pruſſe prit la réſolution d'abandonner le projet du ſiége de Brinn, & de retirer toutes ſes troupes de la Moravie, pour ſe rapprocher de la Bohême, ſoit pour la commodité des vivres, ſoit pour ſe joindre en cas de malheur aux Troupes Françoiſes.

Nous verrons tantôt comment il exécuta ce deſſein, & ce qui s'en enſuivit. Cependant avant que de retourner, il voulut ſe ſervir d'un moyen uſé, & fort ordinaire pour ſuſciter de nouveaux embarras à ſon Ennemi. Il fit répandre des Manifeſtes dans l'Autriche & dans la Hongrie, offrant aux Peuples de ce dernier Pays de leur faire donner ſatisfaction ſur leurs anciens griefs, & les aſſurant qu'il étoit venu en partie pour protéger la Religion Proteſtante perſécutée par les Princes de la Maiſon d'Autriche. Mais tout cela fut inutile, les Proteſtans Hongrois ne branlérent pas plus que les Catholiques. Ils avoient oublié leurs maux paſſés. Satisfaits de ce que la Reine leur accordoit pour le préſent, ils s'embarraſſoient peu de l'avenir. Le tems change les mœurs des Peuples. Cet amour de la Liberté s'éteint à la longue, on s'accoutume au joug, & une ombre de privilége paroît un état libre à ceux qui ſont nés & élevés dans

une

une sujettion d'autant plus rude , qu'elle a paru nécessaire pour déraciner en eux toute idée de Liberté. La Reine de Hongrie n'a point suivi la politique de ses Prédécesseurs , qui avoient toujours affecté d'humilier la Nation Hongroise en général & la Noblesse en particulier , traitant les uns & les autres comme des rebelles qu'il faloit éloigner des Charges, & les tenir bas pour prévenir leurs révoltes. Elle a tâché au-contraire de gagner les Grands , en leur témoignant une entiére confiance, en les élevant aux plus éminentes Charges sans distinction de ses autres Sujets ; & elle y a réussi. Le Peuple qui suit les mouvemens de ceux qu'il est accoutumé de respecter, n'a pas manqué d'imiter le zéle des Grands. On lui en a même fourni des motifs suffisans, en lui permettant de rétablir quelques Eglises , & de servir Dieu chacun à sa maniére. Par - là on a gagné le cœur des Grecs, des Luthériens , des Calvinistes , & des Catholiques mêmes, qui ont cru entrevoir dans cette tolérance le rétablissement de l'ancienne Liberté Hongroise. Ils ont bien un peu murmuré des levées qu'on a faites moitié de gré, moitié de force ; mais tout s'est appaisé.

La France donnoit toute son application à délivrer la Baviére. Une nouvelle Armée se mit en marche dès le 23. de Février pour venir dans cet Electorat. Elle étoit composée des Régimens d'Infanterie de *Picardie* 4. Bataillons de *Normandie* 4. Bat. d'*Auvergne* 2. de *Royal* 3. de *Noailles* 3. d'*Orléans* 3. de *Bretagne* 1. d'*Appelgrün* 2. d'*Avrei* 1. de *la Fére* 1.

E 4

de

de *Bourbon* 2. de *Languedoc* 1. de *Duras* 1. de *la Marck* 2. de *Boulonnois* 1. de *Xaintonge* 1. de *Tournaisis* 1. de *Forest* 1. de *Bresse* 1. de la *Marche* 1. de *Brie* 1. de *Vivarez* 1. de *Béauce* 1. de *Nice* 1. En tout quarante Bataillons, dont quinze passérent en Bohême, le reste, faisant environ quatorze à quinze mille hommes, resta en Baviére sous les ordres du Duc d'Harcourt, avec trente Escadrons des Régimens de *Cuirassiers*, de *Royal-Pologne*, de *Clermont*, de *Rohan*, de *Royal-Cravattes*, d'*Anjou*, de *St. Simon*, de *Noailles*, Cavalerie, & des Régimens d'*Harcourt* & de *Languedoc*, Dragons. A toutes ces troupes se joignit un Corps de deux mille Palatins, & dans la suite un autre de trois à quatre mille Hessois.

Mais pendant que cette Armée Françoise étoit en marche pour venir au secours de la Baviére, les Autrichiens tâchoient de s'y établir de maniére à n'en pouvoir pas être aisément chassés.

L'Armée Bavaroise, forte de quatre à cinq mille hommes, étoit postée aux environs de Kelheim, petite Ville du Bailliage de Straubingen située sur le Danube près de l'endroit où l'Altmul se jette dans ce fleuve. Le Général Bérenklau forma le dessein de la déloger de ce poste, & de s'emparer de la Ville de Kelheim, que les Bavarois avoient fortifiée autant qu'ils avoient pu.

Il passa le Danube à Deggendorff avec les troupes qu'il commandoit, & n'ayant point trouvé d'obstacle à sa marche, il passa avec la même facilité les Riviéres de Naab, de Laber,

ber, d'Altmul, & arriva à Stadt-am-Hof, Fauxbourg de Ratisbonne appartenant à l'Electorat de Baviére. Là il commença à lever des contributions jusques sur les Hôpitaux, & après avoir jetté la terreur dans Ratisbonne à la faveur de ses Pandoures & Talpaches, & avoir ramassé quelque vingt mille florins, il continua sa marche. A son approche le Feld-Maréchal de Thöring se retira sous le canon d'Ingolstad, quoiqu'il eût deux fois plus de monde que Bérenklau; & la Garnison de Kelheim n'attendit pas d'être sommée pour évacuer la Place, elle l'abandonna avec précipitation, & se sauva comme elle put à l'Armée de Thöring. Telle étoit la conduite des Bavarois, autrefois si vaillans & si braves. Ils ne faisoient pas la moindre résistance pour défendre leur Pays, & sembloient s'entendre avec l'Ennemi pour lui livrer toutes les Places, tant la terreur panique les avoit saisis.

Bérenklau s'étant rendu maître de Kelheim, poussa jusqu'à Ingolstadt, pour voir s'il ne pourroit point attirer le Feld-Maréchal Bavarois à un combat. Il y eut une assez vive escarmouche à la vue de cette Place, sans aucun avantage marqué de part ni d'autre. Mr. de Thöring ne jugea pas à propos d'engager une action générale, & ne se croyant pas en sûreté sous Ingolstadt, il profita de la nuit pour se retirer du côté de Donawert, en attendant l'arrivée des François & des Palatins.

Le Comte de Kévenhuller apprenant que ces derniers venoient aussi renforcer les Bavarois, voulut en punir leur Souverain: pour

cet

cet effet il demanda des contributions au Haut-Palatinat d'une maniére très-précife. Voici la Lettre qu'il écrivit à la Régence de Neubourg.

LETTRE DU COMTE DE KEVENHULLER A LA REGENCE DU HAUT-PALATINAT.

,, Nous *Louïs André* de *Kévenhuller*, Com
,, te du St. Empire Romain, &c. De par Sa
,, Majefté la Reine de Hongrie & de Bo
,, hême, &c. Savoir faifons aux Etats du Du
,, ché de Neubourg, que comme ils n'obfer
,, vent pas une exacte neutralité dans la guer
,, re préfente à laquelle Sa Majefté Hongroi
,, fe a été forcée, qu'au-contraire on donne
,, toute affiftance aux Ennemis de Sa Majefté,
,, & qu'on leur permet de faire de ce Duché un
,, rendez-vous pour y raffembler leurs trou
,, pes, on fera par-là difpenfé d'avoir à l'a
,, venir aucun égard ni ménagement pour ce
,, Pays. Si leur mandons que dans huit jours
,, de la date de cette fommation, ils ayent
,, à payer fans faute & fans délai la fomme
,, de 200000 florins du Rhin à la Caiffe
,, Royale de mon Armée; faute dequoi on
,, agira contre le Duché de Neubourg & tout
,, ce qui en dépend, par le fer & le feu,
,, & par toutes fortes d'exécutions militaires
,, dans la derniére rigueur, les ordres con
,, venables à ce fujet étant déjà donnés. Sur
,, quoi les Etats de ce Pays auroient à fe ré
,, gler pour fe garantir des fuites fâcheufes
,, à quoi ils doivent s'attendre infailliblement.

,, Donné

,, Donné au quartier de Landshut le 5. Mars
,, 1742. L. A. Kévenhuller.

. La Régence de Neubourg furprife de ces
menaces, répondit en ces termes.

Reponse de la Regence au Comte de Kevenhuller.

Monsieur,

,, Nous avons appris avec étonnement par
,, les Lettres patentes que Votre Excellence
,, a adreffées aux Etats de Neubourg, & qui
,, nous ont été rendues aujourd'hui à fix heu-
,, res du foir par Mr. Antoine Rukhetz, Ca-
,, pitaine de Cavalerie de la Généralité Wa-
,, rasdine, que, parce que dans la guerre qui
,, s'eft allumée entre l'Electeur de Baviére &
,, la Reine de Hongrie on n'*obferve pas de la
,, part de ce Duché une exacte neutralité, &*
,, qu'au-contraire *on prête toute forte d'aide
,, & d'affiftance aux Ennemis,* & qu'on leur
,, a accordé d'y *établir leur rendez-vous &
,, de s'y affembler,* & que par là tous les é-
,, gards & les ménagemens venant à ceffer,
,, on auroit à payer dans huit jours de la date
,, de ces Lettres patentes la fomme de 200000
,, florins de contribution, ou à s'attendre à
,, voir le Pays brûlé & faccagé.

,, Mais nous ignorons abfolument en quoi
,, on a accordé volontairement tout fecours à
,, l'Ennemi, & qu'il leur ait été permis d'éta-
,, blir dans ce Pays leur rendez-vous & de s'y
,, affembler : nous nous flattions au-contraire,

,, enfuite

,, enſuite du Reſcrit que S. A. E. Palatine
,, nous a adreſſé en date du premier Février,
,, dont nous joignons ici un extrait, que l'E-
,, lecteur n'étant entré en aucune hoſtilité avec
,, la Cour de Vienne, il n'étoit pas à préſumer
,, que cette Cour feroit aucune entrepriſe
,, contraire à la tranquillité de ce Duché; vû
,, qu'on doit d'autant moins regarder comme
,, troupes ennemies celles qui compoſent la
,, Garniſon de cette Ville, & qui ſont encore
,, à la ſolde de l'Electeur, qu'il eſt permis à cha-
,, que Souverain de faire garder ſon Pays par
,, ſes propres troupes; & que quand même el-
,, les devroient paſſer au ſervice d'une autre
,, Puiſſance, on ne ſauroit regarder cela com-
,, me un acte d'hoſtilité, puiſque tout le mon-
,, de ſait qu'un Souverain peut accorder à un
,, autre des troupes auxiliaires, ſans prendre
,, part à la guerre où celui-ci eſt engagé avec
,, une autre Puiſſance. Rien n'étant plus vrai
,, que ce que nous avons l'honneur d'expoſer
,, à Votre Excellence, nous avons une con-
,, fiance dans ſon équité, qu'elle voudra bien
,, nous remettre la contribution impoſée, &
,, nous en exemter à l'avenir, ou tout au
,, moins ſuspendre ſa réſolution juſqu'au re-
,, tour d'un Courier que nous avons dépêché
,, aujourd'hui à Son Alteſſe, pour ſavoir ſes
,, intentions; car nous ne pouvons croire que
,, la Reine votre Souveraine ſoit indiſpoſée
,, contre Son A. S. E. Palatine au point de
,, vouloir accabler de contributions les Etats
,, & les pauvres Sujets de Neubourg, & les
,, ruiner de fond en comble, ſans qu'ils lui
,, en ayent donné le moindre ſujet.

Tou-

Toutes ces repréſentations ne ſervirent de rien, le Haut-Palatinat ne fut pas traité plus favorablement que la Baviére.

Cependant l'Empereur, qui ſe voyoit maître de la Bohême à la réſerve d'Egra, avoit envoyé ordre d'en faire le ſiége dès que la Saiſon le permettroit. Le Maréchal de Broglio lui avoit fait repréſenter, que les Troupes Françoiſes étoient trop affoiblies, & avoient trop de poſtes à garder pour pouvoir former une pareille entrepriſe. Mais l'éloignement de l'Armée Autrichienne paroiſſant à l'Empereur une occaſion favorable pour s'emparer de cette Place, il donna des ordres ſi précis qu'il falut enfin s'y conformer. On raſſembla an commencement d'Avril les Régimens de Rochechouart, de Berry & de Luxembourg, Infanterie, auxquels on joignit le quatriéme Bataillon de Navarre, & le troiſiéme d'Alſace. Les Régimens de Royal, de Fouquet & d'Andelau, Cavalerie. La Meſtre de camp générale, & Armenonville, Dragons, avec la Compagnie Franche de Galleau & 160. Bavarois. Le tout faiſant un peu plus de quatre mille hommes, nombre bien petit pour aſſiéger une Place comme Egra, défendue par une Garniſon de près de quinze cens hommes. L'Artillerie répondoit à la foibleſſe de ce Corps, elle ne conſiſtoit qu'en quatre piéces de batterie. Il eſt vrai qu'elle fut augmentée dans la ſuite, & que rien ne manqua des choſes néceſſaires à un Siége. Mr. de Leuville, Lieutenant-Géneral, devoit commander à ce Siége; mais étant mort le 5. d'Avril, avant qu'on eût fait tous les préparatifs,

le

le Comte de Saxe eut le commandement, & sous lui le Marquis de Mirepoix, les Ducs de Chevreuse & de Bouflers.

La Ville d'Egra, qui donne son nom à un des Cercles de Bohême, est située à l'extrémité de ce Royaume, sur les frontiéres du Haut-Palatinat. Elle fut érigée en Ville Impériale & Indépendante par l'Empereur Fridéric I. en 1179. Elle se maintint dans cet état jusqu'en 1315. que l'Empereur Louis IV. l'incorpora au Royaume de Bohême en faveur du Roi Jean, pour la somme de 40000. marcs d'argent, & depuis ce tems-là elle a toujours fait partie de la Bohême. Elle est située d'un côté dans un vallon, & de l'autre sur une roche & sur une colline. La Riviére d'*Eger*, dont elle tire son nom, baigne ses murs du côté du Septentrion. Elle est défendue par de bons bastions, & par un chemin couvert fraisé & palissadé. Elle a un bon fossé sec, & au-delà une triple muraille avec des tours à l'antique. Ces dehors étoient tous minés, mais la Nature a encore plus contribué que l'Art à la rendre forte. On ne peut guére l'aborder que du côté de l'eau, où elle n'a qu'un mur double à l'antique, & un méchant ravelin qui défend la tête du pont. Enfin c'est tout dire, que dans la *Guerre de trente ans* les Suédois l'assiégérent, & ne purent jamais la prendre, quelques efforts qu'ils fissent; soit à-cause de la résistance des Assiégés, soit que la Riviére fût alors plus resserrée dans son lit, & par conséquent plus profonde. On entre dans Egra par trois grandes portes, & par trois petites. Le Marché où

la

la Grande-Place eſt environnée de belles maiſons, au bout deſquelles on découvre l'Hôtel-de-ville, ſur la porte duquel eſt un Aigle, que la Ville a retenu pour ſes armes depuis qu'elle étoit Ville Impériale. Plus bas on montre encore la maiſon où fut aſſaſſiné le fameux Comte de Wallenſtein, qui s'étoit rendu aſſez redoutable à ſon Maître, pour que ce Prince eût recours à la ruſe pour ſe défaire de lui. On montre encore le lit où ce Général couchoit. A une petite demi-lieue d'Egra, eſt la Fontaine minérale dont les eaux ſont ſi connues en Allemagne. Au-reſte la Ville conſerve encore le Droit de faire battre monnoie, mais elle n'en uſe guére.

Le Comte de Saxe ayant reconnu la Place, & voulant l'attaquer du côté de l'eau, fit conſtruire une redoute vis-à-vis du ravelin qui défend la tête du pont. La tranchée fut ouverte du même côté, la nuit du 7. au 8. d'Avril, & en cinq nuits de travail on ſe trouva près du glacis du ravelin. Son canon démonta celui du ravelin & d'un demi-baſtion. Le travail de la nuit du 11. alla un peu moins vite que celui des jours précédens, à-cauſe de l'eau qui entroit dans la ſape. Les Aſſiégés firent un retranchement d'arbres ſur le bord de la Riviére, pour empêcher qu'on ne pénétrât dans le ravelin, par la gorge de cet ouvrage. Le 12. quoiqu'ils euſſent démasqué une batterie de trois canons qui étoit dans le vieux château, on s'avança pendant la nuit ſur l'angle ſaillant du chemin couvert. Dès le 13. au matin on ſe logea ſur le chemin couvert, & l'on commença à tirer contre la

bat-

batterie du château. Cette batterie ayant été entiérement démontée le 14. on commença à battre en brêche le corps de la Place. Non seulement on abattit le chemin de ronde, mais on perça même la premiére muraille. On éleva en même tems deux Cavaliers pour plonger dans le chemin couvert.

La Garnison fit ce jour-là une petite sortie & attaqua les Travailleurs, mais elle fut repoussée par la Garde de la tranchée.

Le 15. on allongea le logement sur la gauche, & l'on y fit un réduit pour trois mortiers destinés à tirer dans le ravelin. On ouvrit un boyau à la droite pour s'emparer d'un fortin dont le feu pouvoit incommoder, & l'on poussa la sape couverte jusqu'à la palissade ; desorte que le logement embrassoit le chemin couvert.

Le 16. ce logement ayant été allongé dans le chemin couvert, & une batterie ayant été établie pour faire brêche au ravelin, les jours suivans furent employés à établir une nouvelle batterie, & à faire la descente du fossé, dont la contrescarpe fut percée la nuit du 18. au 19. Pendant tout ce tems, les Assiégés firent un feu prodigieux de canon & de mousquetterie. Le Commandant voyant que l'Ennemi étoit si près du corps de la Place, ne jugea pas à propos de tenir plus longtems, pour se ménager de meilleures conditions.

Le 19. à huit heures du matin il fit arborer le Drapeau blanc & battre la chamade, & le 20. la Capitulation fut signée.

Cette conquête ne couta pas au-delà de

cent

cent hommes aux François, mais ils y perdirent quelques braves Officiers. Mr. Desmarets Commissaire Provincial d'Artillerie fut du nombre des morts, de-même que Mrs. Leduc Capitaine au Régiment de Piémont, de Puigaillard Lieutenant dans le Régiment de la Rochehouart, de Lorençon Lieutenant dans le Régiment de Dragons d'Armenonville Mr. Vendin, Capitaine au Régiment de Luxembourg, eut l'épaule emportée d'un coup de canon, dont il mourut quelques heures après. Mrs. de Biscourt Ingénieur, de Sorival & de Savoniére Officiers d'Artillerie, & Mr. Mirof Lieutenant au Régiment de Penthiévre furent du nombre des blessés.

Le Lecteur sera peut-être bien aise de voir ici les Articles de la Capitulation d'Egra.

Capitulation d'Egra.

I. La Ville & Forteresse d'Egra sera livrée à Sa Majesté Impériale.

II. Mais il sera accordé à la Garnison de Sa Majesté la Reine de Hongrie la liberté d'en sortir avec les honneurs ordinaires de la Guerre, ayant ses armes, drapeaux déployés, tambour battant, mêche allumée, six piéces de canon de fonte & douze charges, trente-six cartouches pour chaque Homme, & trois grenades pour chaque Grenadier.

On répond à l'Article II. J'ai ordre de faire la Garnison prisonniére de guerre, ce que je n'aurois pu me dispenser d'exécuter, si l'accord avoit été différé de deux jours seulement. Cependant je prens sur moi de la laisser sortir avec les honneurs militaires spécifiés , sous la restriction qu'elle ne servira point contre Sa Majesté Impériale & ses Alliés , jusqu'à ce qu'elle soit , ou échangée , ou rançonnée selon le cartel. Pour ce qui est des six canons , on ne les laissera point emmener , mais bien deux de trois livres de balles.

III. Non seulement la Garnison en sortant emménera librement avec elle tous ses équipages , chevaux , & chariots ; mais à sa requisition il lui en sera fourni cent cinquante & leur attelage , & donné une escorte avec un Commissaire des marches. *Accordé.*

IV. Pour ce qui concerne la marche de la Garnison , il sera permis au Commandant , immédiatement après la conclusion de l'Accord , de dépêcher sans délai un Officier au Sérénissime Feld-Maréchal Prince de Lorraine , Commandant dans le Royaume de Bohême , & il lui sera permis à lui Commandant d'Egra de marcher avec sa Garnison droit à l'Armée de Hongrie en Bohême , & par rapport à la longueur de chaque station , il la fera de deux ou trois milles selon son bon-plaisir. *Cet Article sera accordé , mais la marche ne se fera point en Bohême , mais en droiture à Passau.*

V. Il sera accordé à la Garnison cinq chariots couverts. *On en accordera deux , mais à condition qu'on n'y cachera point de Déserteur.*

VI. Il sera fourni aux Officiers pendant la marche le fourrage pour les chevaux qu'ils se trouveront avoir. *Accordé.*

VII. Il sera outre cela fourni au Soldat pour sa subsistance , deux livres de viande par jour tant ici que pendant la marche , jus-

qu'à

qu'à son arrivée à l'Armée de la Reine de Hongrie. *Accordé.*

VIII. Lors de la sortie de la Garnison on ne débauchera point le Soldat à abandonner le service où il est présentement engagé. *Accordé.*

IX. Tous les malades & les blessés de la Garnison, qu'on ne pourra transporter, auront la liberté de rester dans la Place jusqu'à leur reconvalescence, & alors on les pourvoira de passeports, pour se conduire sûrement à leur Corps. *Accordé.*

X. Les Prisonniers de la Compagnie franche du Colonel Galleau, qui se trouvent ici, seront échangés contre d'autres Prisonniers de guerre des Régimens d'Ogilvi & de Bathiani qui sont dans la Ville de Prague ; & il sera donné sur cela des sûretés suffisantes par écrit. *On écrira là-dessus à Mr. le Maréchal de Broglio, mais les chevaux seront rendus, & l'on remboursera aux Officiers les frais de leur entretien.*

XI. La liberté de sortir ne doit pas seulemet s'entendre de la Garnison déjà mentionnée & du Commissaire des Vivres, des Ingénieurs, & des Personnes pour le Service de l'Artillerie, qui en dépendent ; mais aussi de tous ceux qui jusqu'ici ont été dans le Service de la Chambre des Finances de Sa Majesté la Reine de Hongrie, & sur-tout du Concierge du Château de Hacker, qui pourra emmener avec lui ses équipages & meubles, avec les Archives de la Reine qui sont entre ses mains. *Accordé, à l'exception du transport des Archives.*

<table>
<tr><td>F 2</td><td>XII. Cette</td></tr>
</table>

XII. Cette Ville-ci & toute la Bourgeoisie, malgré le changement survenu, seront conservés sans trouble ni empêchement dans leurs Possessions & Biens, Immunités, Priviléges, Coutumes établies, & conséquemment dans le Gouvernement de la Ville, tel qu'il est établi de tems immémorial, & dans tout Etat politique IN STATU QUO. *Toutes leurs Possessions & leurs Biens leur demeureront. Pour ce qui est de leurs Priviléges, Sa Majesté Impériale en disposera selon son bon-plaisir. Il est à présumer qu'Elle ne manquera pas de leur faire sentir les effets de sa clémence.*

XIII. L'Artillerie & les Munitions qui appartiennent à la Ville, lui seront laissées. *A l'égard de la Ville, on s'en tient à la réponse donnée à l'article précédent. Tout ce qu'on peut promettre, c'est qu'on observera une bonne discipline & un bon ordre.*

XIV. Si quelque Habitant juge à propos de se retirer, il en aura la liberté, & il pourra emporter ses effets. *Accordé.*

XV. Toutes les Eglises, les Cloîtres, les Ecoles demeureront sans empêchement dans l'état où ils sont présentement. *Accordé.*

XVI. Aussitôt après la conclusion & la signature de cet Accord, le Ravelin du pont sera occupé par cent cinquante hommes des Troupes Royales de France, & jusqu'au vingt-deux du courant, terme fixé pour la sortie de la Garnison, les Portes & les Postes demeureront occupés par les Troupes Royales de Hongrie. *Le Ravelin de la Ville du côté de la porte du pont sera occupé par deux cens hommes.*

XVII. Et

XVII. Et afin que cette Capitulation foit tenue fermement & fous la Foi Royale, fans fraude ni malice, nous en avons dreffé deux Inftrumens de la même teneur, & les avons expédiés de part & d'autre. Ainfi refpectivement arrêté au quartier-général de Liechftein & dans la fortereffe d'Egra le 19. Avril 1742. (L. S.) De Doffing. *Commandant d'Egra & Colonel du Régiment de Botta.*

Pour bien entendre le fens de l'Article X. de cette Capitulation, il faut favoir que quelque tems avant le fiége d'Egra, vingt-cinq Dragons & quelques Officiers de la Compagnie franche du Colonel Galleau ayant été chercher des chevaux dans un Village tout près d'Egra, s'arrêtérent à boire dans un cabaret. L'Hôte profitant de ce tems-là, fit avertir le Commandant de la Place qu'il y avoit des François chez lui, & que fi l'on fe hâtoit tant foit peu on pourroit les enlever. Sur quoi Mr. de Doffing fit partir un détachement de cent hommes de fa Garnifon, qui entrérent dans le Village fans que les François en euffent le moindre avis, deforte que la maifon fut inveftie avant qu'ils puffent fe mettre en é-tat de défenfe. Il falut fe rendre, & fouffrir d'être menés dans la Place prifonniers de guerre.

Ce n'eft pas-là la feule occafion où les Troupes Françoifes ont été vendues & livrées par les habitans de la Bohême. Il faudroit un volume entier pour raconter toutes les petites occafions où les François ont fenti

les

les effets de la haine que les Allemands ont contre eux. Les Bavarois eux-mêmes, tout alliés qu'ils étoient des François, les ont vendus dans l'occasion. On a vu des Guides Bavarois trahir des Généraux François, & les mener eux, leur escorte, & leurs bagages au milieu des Huffars, qui inondoient la Baviére après que le Prince Charles eut passé le Danube, comme je le dirai tantôt. Le Lecteur me dispensera d'entrer dans le détail de toutes ces petites rencontres, qui n'ont décidé de rien. Je me suis contenté de toucher les principales. Je ne parlerai pas d'une assez rude escarmouche qu'il y eut entre Pisek & Frauenberg, à l'occasion d'un Convoi que le Maréchal de Broglio envoyoit dans cette derniére Place, & dont l'escorte fut attaquée inutilement par un Parti de Huffars soutenus de quelque deux cens Cuiraffiers. Je me contenterai de dire que toutes ces différentes rencontres affoibliffoient extrêmement les François, d'autant plus qu'ils en revenoient rarement victorieux, les Partis ennemis étant ordinairement plus forts de la moitié & plus, qu'eux ; & parce qu'étant trahis par les gens du Pays, & n'entendant pas la Langue, les François donnoient dans des embuscades, où ils n'avoient d'autre consolation que de vendre leurs vies auffi chérement qu'il leur seroit possible. Tout cela joint aux maladies qui se mirent parmi eux, les diminua extrêmement. Leur Armée, qui en entrant en Bohême étoit de 28. à 30000 hommes, se trouvoit alors réduite à 15000. Mais ce qu'il y a d'étrange, c'est que les Saxons, quoiqu'exemts

des

des inconvéniens que je viens de marquer, vu que les Peuples de Bohême étoient extrêmement portés pour eux ; & quoique plus accoutumés aux alimens & au climat de ce Pays-là, ils n'ont pas laissé de souffrir une diminution encore plus considérable à proportion, puisqu'étant entrés en Bohême au nombre de vingt & un mille hommes, ils se sont trouvés réduits à huit mille, lorsqu'ils se sont rapprochés des frontiéres de leur propre Pays.

Cependant le Prince Charles ayant reçu quelques renforts de Hongrois, cessa de côtoyer la Moravie, & fit tout d'un coup un mouvement à droite qui le porta dans cette Province. Le Roi de Prusse, qui jusqu'alors avoit fait mine de vouloir assiéger Brinn, ne jugea pas à propos de l'attendre. Deux raisons l'en empêchérent ; la premiére, c'est qu'il eut avis qu'un gros de Milice Hongroise, joint à cinq ou six mille hommes de troupes réglées, étoit en marche pour entrer en Silésie, & qu'il étoit déjà arrivé près de Teschen, ce qui l'obligea à faire un détachement de huit mille hommes de son Armée sous les ordres du Prince Diederich d'Anhalt pour marcher vers Tropau, & s'opposer à l'Ennemi de ce côté-là. L'autre raison, c'est que les Saxons étoient diminués de plus de la moitié, & que le reste étoit las & recru ; qu'enfin toute son Armée soupiroit après le repos, ayant fatigué tout l'hiver & souffert beaucoup de la rigueur de la saison. Il prit donc la résolution de revenir en Bohême, & d'y mettre ses troupes dans des quartiers dis-

 po-

posés de façon qu'elles puffent fe raffembler en très-peu de tems. Les environs de Czaflau lui parurent très-propres à ce deffein. C'eft un des meilleurs Cantons de la Bohême, tout plein de Villes & de Villages qui fe touchent pour ainfi dire, & arrofé d'un côté par la Sazava & de l'autre par l'Elbe. Le Roi, en fe poftant entre ces deux Riviéres, mettoit fa gauche & fa droite en fûreté, & ne pouvoit être entamé que par devant. En deux marches il lui étoit aifé de fe rendre à Prague, qui étoit derriére lui ; & il pouvoit, s'il le jugeoit à propos, fe couvrir du canon de cette Place.

Enfin il s'approchoit d'un Corps de huit à dix mille hommes, que lui amenoit le Prince Léopold d'Anhalt. Voilà les raifons qui engagérent ce Monarque à diriger fa route de ce côté-là. Nous verrons dans le Livre fuivant de quelle maniére il y fut attaqué par le Prince Charles de Lorraine, & quel fut le fuccès de la fameufe Bataille de Czaflau.

HISTOIRE

DE LA

DERNIERE GUERRE

DE BOHEME.

LIVRE SIXIEME.

ARGUMENT.

Le Prince Charles marche contre le Roi de Pruſſe, & lui livre bataille. Il la perd. Combat de Sahay. Le Roi de Pruſſe fait la paix avec la Reine de Hongrie. Retraite du Maréchal de Broglio ſous Prague. Affaires de Baviére. Siége de Prague.

IL n'eſt pas douteux que la France, en favoriſant l'Election de l'Electeur de Baviére, ſon ancien Allié, à la Dignité Impériale, n'ait cherché à étendre les bornes, non pas de ſes Etats déjà aſſez vaſtes, mais de ſon influence dans les affaires de l'Europe : mais comme l'influence de la France ne peut s'accroître ſans que celle de l'Angleterre en ſouffre, le Roi de la Grande-Bretagne n'omettoit rien de ce qui pouvoit rompre les me-

F 5

ſures

fures d'une fi puiffante Rivale. Le Soutien de la Maifon d'Autriche fait une partie effentielle du Syftême de la Cour Britannique. Autrefois, lorfque l'ambition de cette Maifon égaloit fa puiffance, & qu'elle paroiffoit en vouloir à la Liberté de l'Empire & à celle de toute l'Europe, l'Angleterre faifoit caufe commune avec la France; mais celle-ci ayant gagné le deffus, ou du-moins étant parvenue à pouvoir balancer la Puiffance Autrichienne, l'Angleterre a changé de conduite, & s'eft déclarée depuis longtems ennemie de la Maifon de Bourbon. Ce n'eft pas que la Puiffance Autrichienne ait été moins formidable fous les trois derniers Empereurs; mais c'eft que celle de la France s'étoit accrue, & que la fituation de cette Monarchie donne plus d'ombrage à l'Angleterre que celle des Etats Autrichiens, quoique plus vaftes, & peut-être beaucoup plus puiffans. L'Angleterre n'a ceffé de former des Alliances contre la France, non pas peut-être pour l'envahir, & la démembrer comme autrefois, mais pour la mettre dans un état d'impuiffance, qui ne lui permît pas de s'oppofer à cet empire abfolu que les Anglois s'arrogent fur Mer, & à ce Commerce qui embraffe tout, & qui dans peu engloutira celui des autres Nations. Plus flatés de figurer & de donner la Loi par l'étendue de leur Commerce, par leurs richeffes, par leurs nombreufes Flottes, que de pofféder de vaftes Etats & une vaine étendue de Pays, ils fe renferment dans leur Ile, affectent un grand defintéreffement, proteftent

qu'ils

qu'ils ne veulent point faire de conquêtes, & ne prétendent autre chofe que de maintenir l'Equilibre du Pouvoir & la Liberté de l'Europe. Ces beaux mots trouvent aifément créance chez des Efprits déjà faifis de jaloufie & de haine contre la France. On fe ligue, on s'unit, on facrifie tout pour s'oppofer à cette Puiffance, que l'on hait fans trop favoir pourquoi; & fans y penfer on fe facrifie pour les Anglois, qui vont toujours à leur but. C'eft de cette maniére qu'ils ont fu profiter de cette formidable Ligue qu'ils avoient formée dans la Guerre pour la Succeffion d'Efpagne. Leur Paix particuliére, & faite à propos, leur valut un très-beau Pays en Amérique, & en Europe Gibraltar & l'Ile de Minorque. Ces deux derniéres acquifitions les rendent, pour ainfi dire, maîtres de l'Océan & de la Méditerranée. S'ils n'euffent point eu Port-Mahon, ils n'auroient pu faire fubfifter fi longtems leur Efcardre fur les côtes de Provence, ni y reparoître fitôt après l'échec reçu en dernier lieu près du Cap Sépet. Quelle incommodité d'aller fe radouber en Angleterre, & quelle longueur de revenir bloquer le Port de Toulon! Quelle commodité au-contraire d'avoir un afyle & des magafins à portée, & de pouvoir reparoître en moins de rien fur les côtes de l'Ennemi!

Je ne penfe pas qu'il y ait un homme de bon-fens & non prévenu dans le monde, qui ofe fe refufer à la juftefle de ces idées. En général il faudroit être injufte pour attribuer moins d'ambition & plus de defintéreffément à un Prince, à un Etat qu'à un autre. Rome

&

& Carthage, Pompée & César, vifoient à l'ac-
croiſſement de leur pouvoir avec une ardeur
égale ; il n'y avoit de différence que dans la
maniére de s'y prendre. Rome ne parloit contre Carthage, que de délivrer les Peuples op-
primés ; & Pompée ſe couvroit contre Céſar
du prétexte ſpécieux de la Liberté publique.
Au fond les uns & les autres n'avoient d'autre
motif que leur agrandiſſement particulier ; &
jamais les Princes, les Peuples, & les Hom-
mes-mêmes dans la vie privée, n'en ont connu
d'autres, depuis que la proſpérité de l'un a
réveillé la jalouſie de l'autre. L'Envie & l'Ambition ſont deux monſtres auſſi anciens que le
Monde. Ils ſont de tout tems, de tout âge, de
tout Pays. Ils habitent dans les Palais & dans
les Cabanes : & pour penſer le contraire, il
faudroit avoir l'imagination des Poétes, ou
pouvoir réaliſer la Fable du Siécle d'or.

Le Lecteur n'aura pas de peine à comprendre, que tout ce raiſonnement ne tend qu'à le
prévenir ſur mon impartialité. Je ne prends
d'autre intérêt à tout ce que j'écris, que celui
de paroître exact & impartial. C'eſt le ſeul
devoir que je tâche de remplir. Si quelqu'un
trouve que je m'en ſois écarté en quelque endroit de cet Ouvrage, je le prie, avant que
de décider, de ſe bien ſonder lui-même, &
de voir ſi la prévention dont il m'accuſe, n'eſt
pas plutôt toute entiére dans ſon eſprit que
dans mon Livre.

Le Roi d'Angleterre voyoit bien que la Ligue qui s'étoit formée contre la Reine de Hongrie, étoit trop forte & avoit déjà remporté
de trop grands avantages, pour eſpérer de
rompre

rompre fes efforts & de regagner les Pays dont elle s'étoit faifie. Il ne penfoit qu'à l'affoiblir en détachant quelqu'une de fes parties, & fur-tout celle qui l'empêchoit le plus d'agir efficacement en faveur de Sa Majefté Hongroife. Le Roi de Pruffe étoit dans ce cas. Il avoit encore affez de troupes pour envahir les Etats d'Hanovre, & il étoit merveilleufement à portée de le faire. Il en devoit couter à la Reine de Hongrie ; mais il valoit mieux faire ce facrifice au Roi de Pruffe qu'à l'Empereur, tant parce que ce dernier n'étoit pas un Ennemi fi redoutable, que parce qu'il devoit trop à la France, pour qu'on ne lui fuppofât pas & de la reconnoiffance & de l'attachement pour cette Couronne. Il y avoit fans-doute de l'inconvénient pour l'Electeur d'Hannovre de travailler à l'accroiffement de la Puiffance Pruffienne ; mais de deux maux il falut toujours éviter le pire. Le nouveau Miniftre de Londres raifonna vraifemblablement ainfi. En agrandiffant l'Empereur, nous augmentons l'influence de la France, & nous diminuons la nôtre. En cédant quelque chofe au Roi de Pruffe, nous fauvons la Maifon d'Autriche, & la mettons en état de s'oppofer aux entreprifes que celle de Brandebourg pourroit former fur l'Electorat d'Hannovre. Le Roi de Pologne ne tardera pas de faire fa paix auffitôt après celle du Roi de Pruffe, de fe joindre à la Reine de Hongrie, ou du-moins d'embraffer le parti de la Neutralité, pour fauver fon Electorat du pillage. Les François & les Bavarois font trop foibles pour pouvoir défendre la Bohême & reconquérir la Baviére.

Baviére. Les Etats-Généraux fe déclareront. Nous attaquerons les Pays-Bas ou la Lorraine, & prendrons quelque Province fur la France, pour réparer la diminution que la ceffion qu'on fera au Roi de Pruffe, apportera à la puiffance de Sa Majefté Hongroife.

Ce Plan, comme on voit, étoit affez beau; c'eft dommage qu'il ait eu le fort de celui de la Laitiére & du Pot au lait.

Cependant le Miniftére Britannique avoit envoyé de nouvelles Inftructions à Mylord Hindfort, qui tâchoit d'ajufter à Breflau & les prétentions du Roi de Pruffe & les intérêts de la Reine de Hongrie.

Le Comte de Podewils fe rendit en Moravie auprès de Sa Majefté Pruffienne, lorsqu'elle revenoit en Bohême, & lui communiqua les derniéres propofitions de la Cour d'Autriche, par lefquelles cette Cour offroit la ceffion des trois Diftricts fur lefquels ce Monarque avoit d'abord formé des prétentions, ou une partie des Pays-Bas. Le Roi répondit que les délais de la Cour d'Autriche l'avoient conftitué dans de nouveaux fraix, & qu'il prétendoit, pour dédommagement, la ceffion de tout ce qu'il avoit acquis par la voie des armes, fans en excepter le Comté de Glatz. Que quant aux Pays-Bas il n'y prétendoit rien, & que la Reine pouvoit les garder pour elle. Que pour lui il ne vouloit point d'un Pays qui lui feroit difputé en toute occafion, & qui lui apporteroit plus de préjudice que d'avantage.

Le Comte s'en retourna avec cette réponfe à Breflau. Les négociations recommencérent.

La

La Reine de Hongrie, instruite des nouvelles prétentions du Roi de Prusse, les rejetta. Elle trouva que les choses n'étoient pas encore si désespérées; & allégua aux Ministres Anglois que le Prince Charles étoit à la tête d'une belle & nombreuse Armée, qu'il étoit aidé des conseils & de l'expérience du vieux Comte de Königseg; qu'il faloit lui laisser suivre l'Armée Prussienne; qu'il tâcheroit de l'engager à une action décisive, & qu'alors on pourroit se régler selon l'événement; que si le Roi de Prusse perdoit la bataille, il rabattroit apparemment beaucoup de ses prétentions; & que s'il la gagnât, il n'étoit pas possible qu'il ajoûtât rien à celles qu'il venoit de former.

Les négociations ne firent plus que traîner, & l'on attendit de part & d'autre là décision du combat futur.

Le Prince Charles continua à suivre l'Armée Prussienne; mais comme celle-ci avoit plusieurs marches sur lui, elle arriva aux environs de Czaslau, qu'il étoit encore au milieu de la Moravie.

En arrivant de Bohême, le Roi de Prusse divisa son Armée en trois Corps. L'un fut posté à Leutomissel sur les frontiéres de la Moravie, l'autre à Chrudim plus près de l'Elbe, & le troisiéme entre Czaslau & Kuttemberg près d'un Village nomme Chotusitz, où toute l'Armée devoit se rassembler en cas de besoin, le Roi ayant trouvé le terrain de ce côté-là plus avantageux pour un combat, supposé que l'Ennemi vînt l'attaquer. Le premier de ces trois Corps formoit l'aile gauche,

le

le second le corps de bataille, & le troisiéme l'aile droite. De cette maniére l'Armée avoit à dos la Riviére d'Orlitz, & faifoit face à la Sazava, vers laquelle on jugeoit que le Prince Charles dirigeroit fa marche pour fe conferver la communication avec l'Autriche, & avec l'Armée du Prince de Lobkowitz qui campoit toujours à Budweis.

Le Prince Charles arriva enfin en Bohême, & fe porta vers la Sazava, comme le Roi de Pruffe l'avoit bien prévu. Il paffa d'abord cette Riviére, & détacha quelques troupes qui s'affurérent de la Ville de Czaflau. A cette nouvelle, le Roi de Pruffe qui avoit reçu le fecours qu'il attendoit, raffembla toutes fes forces près de Chotufitz. Il appuya fa gauche à la Crudinka, qui prend fa fource derriére Czaflau. Sa droite s'étendoit jufqu'à quelque diftance de Kuttemberg, & il avoit au centre le Village de Chotufitz, qu'il avoit garni d'un bon Corps de Moufquetaires, dont le feu incommoda beaucoup l'Infanterie Autrichienne.

La diligence du Prince Charles le rendit maître de Czaflau, il marcha avec toute fon Armée de ce côté-là. Le 16 de Mai au foir, les deux Armées fe trouvérent à peu de diftance l'une de l'autre, & le 17 au matin elles fe trouvérent en préfence. Le Prince Charles avoit rangé fon Infanterie au centre & fa Cavalerie fur les ailes. Un gros Corps de Huffars marchoit en avant comme des Enfans perdus, & devoit tâcher de percer les Efcadrons ennemis le fabre à la main, obfervant de fe retirer dès qu'ils fe verroient preffés. Les Croates & les Pandoures devoient prendre un

dé-

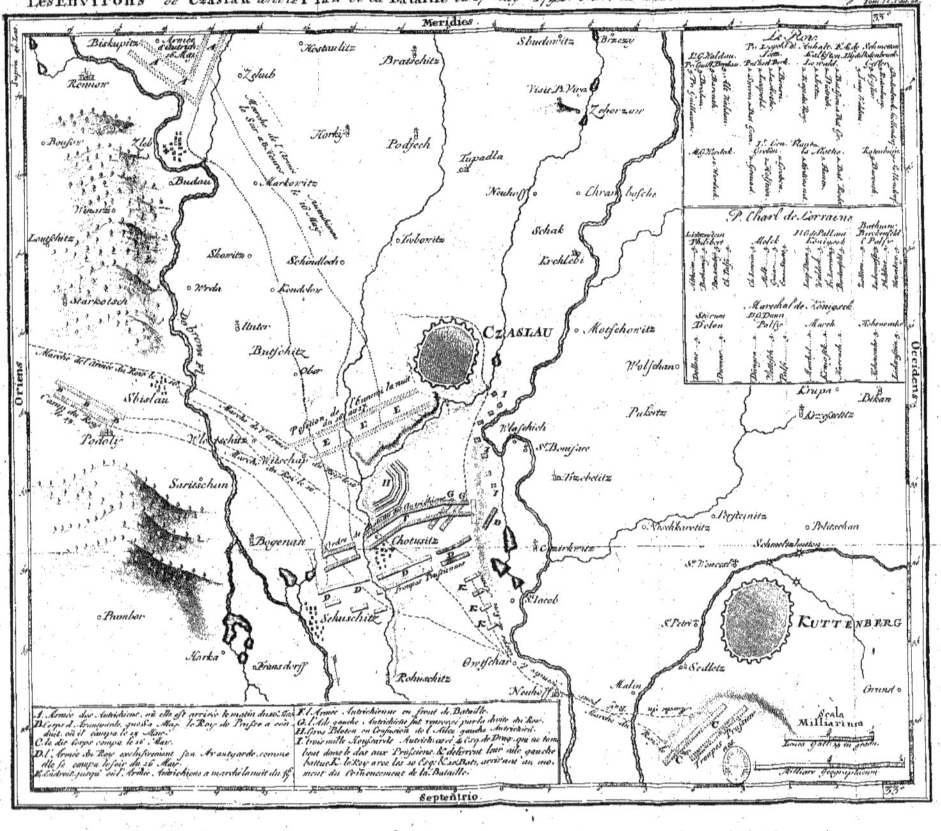

Les Environs de Czaslau avec le Plan de la Bataille du 17 May 1742 entre les Autrichiens & les Prussiens.
Tom. II. Pag. 96.

Meridies
Oriens
Occidens
Septentrio

Biskupitz
Armée d'Autrich. 16. May
Rennow
Boussow
Zleb
Budau
Winnitz
Loukschitz
Starkotsch
Zelub
Kostaulitz
Bratschitz
Horkj
Podjech
Markovitz
Skovitz
Schindloch
Wrda
Kondelor
Unter Butschitz
Ober
Shislau
Podoli
Wlatschitz
Sariteschan
Bumber
Harka
Bransdorff
Bogenan
Schuschitz
Chotusitz
Rohuschitz
Owtschar
Neuhoff
Sbudowitz
Brzezay
Visit. B. Viva
Zehorzow
Tupadla
Neuhoff
Chran bosche
Schak
Krehlebi
CZASLAU
Motschowitz
Wolschan
Pukotz
Wlaschich
St. Boujae
Trzebetitz
Beystenitz
Khokhkurvitz
Politschan
Czmirkwitz
St. Jacob
Malin
St. Vincens
St. Petri
Sedletz
KUTTENBERG
Ormd
Drupa
Dikan
Azygowitz
Schmolzowitz

Le Roy
L: G: Waldau. Pr: Leopold d'Anhalt. E: M: de Schmettau.
Pr: Guill: Brdau. Nettn. Kalkstein. M: G: Rodenbruch.
Pat: Wart Dork. Lewald.
M: G: Wartoch.
L: Gen: Prinz. la Motte. Ratenbaim.
Creton.

P. Charl de Lorraine
Lichtenstein Philibert. Molck. Il G: de Pallant. Bathume. Buckerfeld. Königseck. C. Palfi.

Marechal de Königseck
Strum Dolon. L: G: Dann. Palfi. Macch. Hohenembs.

A. Armée des Autrichiens, où elle est arrivée le matin du 17: May.
B. Corps d'Avantgarde, que S.a Maj.té le Roy de Prusse a conduit, où il campa le 15 May.
C. le dit corps campa le 16. May.
D. l'Armée du Roy exclusivement son Avantgarde, comme elle se campa le soir du 16 May.
E. Endroit jusqu'où l'Armée Autrichienne a marché la nuit du 16.
F. l'Armée Autrichienne en front de Bataille.
G. l'Aile gauche Autrichiche fut renversée par la droite du Roy.
H. Gros Peloton en Confusion de l'Aile gauche Autrichienne.
I. trois mille Houssards Autrich: avec 4 Esq: de Drag: qui ne tombent dans le dos aux Prussiens, & delivrent leur aile gauche battue K. le Roy avec les 10 Esq: K. 2 Bat. arrivant au moment du Commencement de la Bataille.

Scala Milliarium
Milliare Geographicum

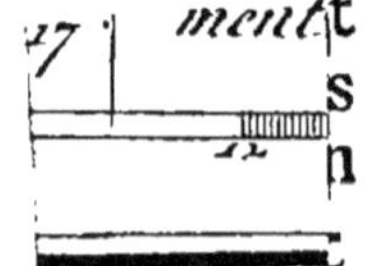
ment
s
n

détour pour tomber fur la feconde ligne des Pruffiens, & tâcher d'y jetter la confufion par leurs cris & par tous les autres moyens poffibles. A cela près l'ordre de bataille du Prince Charles n'étoit pas différent de celui du Roi de Pruffe.

Dès qu'on fut à portée de fe canonner, l'Artillerie Pruffienne fe fit entendre. Elle étoit avantageufement poftée fur une hauteur; & dès la première volée de canon le Comte de Four, Colonel du Régiment de Lichtenftein, Dragons, fut tué. Sur cela les Huffars s'ébranlérent & fondirent avec rapidité fur la Cavalerie Pruffienne, qui les repouffa vertement. Au-lieu de fe rallier, ils fe jettérent en défordre dans les intervalles de l'Infanterie qui étoit au centre, & penférent la déranger entiérement. Cet accident fut bientôt réparé, & l'Armée Autrichienne continua à s'avancer avec beaucoup de gravité & de fierté. Le feu de la moufquetterie commença de part & d'autre, & il faut convenir que celui des Pruffiens furpaffoit de beaucoup le nôtre. Mais s'ils avoient de l'avantage de ce côté-là, nous en avions du côté de notre Cavalerie, qui parut ce jour-là meilleure que la leur, comme elle l'avoit déjà paru à Molwitz. En effet, la Cavalerie de l'aile droite des Pruffiens, quoique poftée fur une hauteur, & quoiqu'elle débordât celle d'Autriche & la prit en flanc, fut repouffée jufqu'à trois fois dans les différentes charges qu'elle fit, & à la quatriéme elle fut mife dans une telle déroute, qu'elle fut pouffée jufques près de Kuttemberg. Cet avantage fut funefte à l'Armée Autrichienne; car au-lieu de s'arrêter & de se remettre en ordre, afin de conserver le terrain qu'elle avoit gagné, & d'attaquer même l'Infanterie ennemie en flanc, elle se débanda pour courir après les fuyards, qu'elle abandonna bientôt pour se jetter dans le camp des Ennemis & pour piller.

Le Prince Charles avoit tout lieu de se flatter d'une victoire complette. Son aile droite avoit mis en désordre la gauche des Prussiens, & son Infanterie ayant fait reculer celle de Prusse, prit le Village de Chotusitz à revers & y mit le feu, ce qui obligea les troupes qui y étoient d'en sortir au plus vite, pour s'aller poster sur les flancs de la ligne d'Infanterie de leur Armée.

Pendant qu'une partie de la Cavalerie Autrichienne étoit occupée à piller le Camp ennemi, celle de Prusse se rallioit, & revenoit à son poste. L'Infanterie redoubloit son feu, & se rallioit avec tant de facilité, qu'enfin le Prince Charles s'apperçut que la sienne étoit rebutée de tant de charges inutiles; & voyant d'ailleurs le désordre où la soif du pillage avoit jetté sa Cavalerie, il fit sonner la retraite, abandonnant le champ de bataille au Roi de Prusse, mais sans aucune autre marque de victoire que deux ou trois piéces de canon embourbés dont les affuts étoient cassés. Ses troupes au-contraire emportoient quatorze étendars & deux drapeaux pris sur le Prussiens, & emmenoient deux mille prisonniers, beaucoup de bagage, & une infinité de chevaux de toute espéce. La bataille avoit commencé sur tout le front des deux Armées à

huit

huit heures du matin ; elle ne finit qu'à midi. Il y eût du côté des Pruſſiens environ quatre mille hommes de tués ou mis hors de combat, & les Autrichiens y perdirent deux mille cinq cens hommes. Ceux qui ſe diſtinguérent le plus du côté des premiers furent, après le Roi & le Prince Léopold d'Anhalt, les Généraux Kleiſt, Bodenbroeck, Waldau & Wédel. Le Comte de Rottembourg eut le bras caſſé, & ſe ſignala beaucoup.

Le Prince Charles donna de grandes marques de valeur & de conduite du côté des Autrichiens : mais je laiſſe aux Hiſtoriens de ce Prince & du Roi de Pruſſe à marquer en détail tout ce que ces deux Héros firent de grand & de vaillant dans cette journée. Le Général Pallandt fut bleſſé à mort & fait priſonnier, les Comtes de Frankenberg & de Wels Majors-Généraux furent tués.

Les Autrichiens ne perdirent ni drapeau ni étendard ; non pas qu'ils n'en euſſent point, comme l'ont publié les Gazettes ; mais parce que l'Infanterie Pruſſienne, qui ſeule réſiſta juſqu'au bout, ne ſe mêla point, & ne combattit qu'à coups de feu.

Le Prince Charles fit ſa retraite en bon ordre. Il retira les troupes qu'il avoit miſes dans Czaſlau, repaſſa le ruiſſeau de Crudinka, & ſe retira à Vilimow, où ſon avant-garde avoit campé l'avant-veille du combat. Les Pruſſiens firent mine de le pourſuivre, mais ils n'oſérent l'entamer, & furent contraints de ſe contenter d'être ſpectateurs du bon ordre de cette retraite.

C'eſt ici le lieu d'examiner quelles furent

G 2

les

les caufes qui contribuérent le plus à faire gagner aux uns & perdre aux autres cette bataille ; car les forces ayant été à peu près égales, on ne peut pas dire que le nombre ait prévalu.

Quoiqu'en général le gain d'une bataille dépende du hazard, & que le moindre petit incident puiffe arracher la victoire aux plus braves foldats, il eft néanmoins certain, que la valeur des troupes, la capacité des Généraux, la bonne ordonnance & la jufteffe des mefures y contribuent beaucoup ; fans cela il n'y auroit point de diftinction à faire entre un Céfar & un Varron, un Eugéne & un Tallard. Mais toutes ces chofes fe trouvoient à un degré à peu près égal dans les deux partis à la bataille de Czaflau. D'où vient donc que le Prince Charles a perdu la bataille ? Le vulgaire croit que c'eft au feu des Pruffiens qu'il faut attribuer la décifion de cette affaire. Mais c'eft l'opinion du vulgaire, & un homme d'efprit ne doit pas y foufcrire légérement. Il eft certain que ce feu ne put qu'être très-vif, puifque c'eft une expérience faite, qu'un Soldat Pruffien tire fix coups de fufil en une minute. Mais je foutiens qu'il eft impoffible de charger & de tirer avec la viteffe des Pruffiens, fans perdre beaucoup plus de coups que n'en perdent ceux qui ne tirent pas fi vite, mais qui ajuftent mieux, parce qu'ils fe donnent plus de loifir. Selon le calcul que j'ai fait, les Pruffiens ont tiré fix cens cinquante mille coups de fufil dans l'action de Czaflau, & il y eu à peine deux mille cinq cens morts du côté de l'Ennemi, & environ autant de bleffés

Si

Si vous en rabattez ceux que le sabre a tués ou blessés, que de coups de fusil perdus! J'approuve fort l'usage des Suisses: ils s'exercent chez eux, non pas à tirer vite, mais à tirer droit.

L'avantage a donc été égal par rapport au feu de la mousquetterie. Quant à celui de l'artillerie, quoique les Canonniers Prussiens tirent avec autant de vitesse que les Mousquetaires, on sait que le feu du canon ne fait pas grand mal dans une bataille, & que c'est un proverbe parmi les gens de guerre, qu'il faut être prédestiné pour mourir d'un coup de canon dans un combat général. Si le feu des Prussiens leur donnoit quelque avantage, pourquoi auroient-ils plus perdu de monde que leurs Ennemis? Pour ce qui est de l'arme blanche, l'avantage étoit tout du côté des Autrichiens. Leur Cavalerie est beaucoup meilleure que celle de Prusse, peut-être parce que celle-ci trop exercée au feu, ne l'est pas assez à l'arme blanche. Cela étant ainsi, d'où vient que les Autrichiens ont perdu la bataille? C'est premiérement qu'ils se sont amusés à piller avant que de s'être assurés de la victoire, & c'est en général le défaut des Troupes Autrichiennes. Soit que l'exemple des Hongrois leur ait été contagieux, soit que l'irrégularité de leur paye ait produit parmi eux cette ardeur du pillage, il est toujours certain qu'ils y sont très-enclins, témoin la Lettre que le Prince Charles écrivit à la Reine de Hongrie, où il se plaint amérement que cette soif du pillage lui avoit arraché la victoire au moment qu'il la saisissoit; témoin encore tous les Pays

où

où ces troupes ont été en quartier ou en garnison. C'est, en second lieu, que si la vitesse des Prussiens à tirer ne leur donne qu'un avantage imaginaire sur les autres troupes, ils en ont un très-réel dans la facilité qu'ils ont à se rallier. On romt un Bataillon Prussien, mais on ne le met pas en déroute ; un instant de relâche suffit pour le remettre en ordre. Cette sévérité avec laquelle on les exerce continuellement depuis trente ans, les a accoutumés à faire leurs évolutions & leurs mouvemens avec un concert admirable. Un Corps d'Infanterie Prussienne est comme une machine dont les Officiers dirigent les ressorts. Ils savent au moindre mot, au plus petit signal tout ce qu'ils doivent faire. Voilà à mon avis ce qui a le plus contribué à leur faire gagner la bataille. En effet, tous les efforts des Hussars & des Croates, gens très-propres à jetter des troupes dans la confusion, n'ont servi de rien dans cette occasion, pendant qu'en 1632. à la fameuse bataille de Lutzen, un Corps de ces derniers pensa arracher la victoire des mains des Suédois par une attaque imprévue qu'ils firent à leurs bagages.

Le Roi de Prusse resta aux environs de Czaslau après la bataille : ce Pays lui parut très-propre à rétablir son Armée, en attendant que la nouvelle des avantages qu'il venoit de remporter, déterminât la Reine de Hongrie à accepter les conditions de la Paix telles qu'il les proposoit, ou que le refus de cette Princesse l'obligeât à prendre de nouvelles mesures avec les Alliés pour lui porter de plus rudes coups.

On

On voit par-là combien faux ont été les bruits qui ont couru dans le monde, que ce Monarque ne s'étoit déterminé à la Paix, qu'enfuite du refus que le Maréchal de Broglio avoit fait de marcher à fon fecours. Les Gazettes & leurs échos, qui ont avancé cela comme un fait certain, n'ont pas fait beaucoup d'honneur au Roi de Pruffe, en fuppofant qu'il étoit difpofé à partager avec les François l'honneur de la victoire, & qu'il avoit befoin d'eux pour vaincre, pendant qu'il eft de fait qu'il étoit auffi fort que le Prince Charles. D'ailleurs, comment peut-on fe figurer qu'un Prince auffi éclairé que le Roi de Pruffe fe déterminera à faire la Paix par le feul motif de fe venger d'un tel refus? Cela ne feroit-il pas bien digne d'un fi grand Prince, & d'un Génie fi fupérieur? Je ne puis m'empêcher de me rappeller à ce propos les paroles du grand Condé au Coadjuteur (a), qui avoit *trouvé un jour fur la table du cabinet de ce Prince deux ou trois Ouvrages de ces Ames ferviles & vénales, & y avoit jetté les yeux.* Sur quoi ce Héros lui dit: *Ces miférables nous ont fait vous & moi tels qu'ils auroient été, s'ils s'étoient trouvés dans nos places.*

Enfin, pour derniére raifon, ces Ecrivains n'ont pas fait attention à la pofition du Prince de Lobkowitz, qui occupant encore le pofte de Budweis, tenoit le Maréchal de Broglio

(a) *Voy. les Mém. du Card. de Retz. T. 2. Liv. 3. p. 246, 247, 248 & 262. Ed. d'Amft. 1731. où il fe plaint de l'impertinence des Journaliftes & des Faifeurs de Libelles de fon tems.*

glio en échec, & ne lui permettoit pas de marcher vers le Cercle de Czaſlau, à moins qu'il n'eût voulu abandonner Prague & le reſte de la Bohême, qu'il devoit couvrir de ce côté-là. Mais on auroit beaucoup à faire, ſi l'on vouloit répondre à toutes les viſions & aux faux préjugés des ames vulgaires.

Il eſt tems que j'inſtruiſe le Lecteur du ſort des Saxons. Affoiblis de plus de la moitié ils avoient quité la Moravie en même tems que les Pruſſiens, & traverſant les Cercles de Chrudim, de Konigsgratz & de Bunzlau, ils s'étoient retirés dans celui de Leuthomeritz ſur les frontiéres de Saxe, pour ſe remettre un peu de leurs fatigues, & pour être à por-tée de ſe recruter. Au-reſte ils n'avoient pas fait ce trajet ſans être harcelés par les Huſſars Autrichiens : & dans un Village nom-mé Aſtrup près de Biſtra en Moravie, qua-tre Compagnies du Régiment de Coſel furent ſurpriſes par le Général Philibert à la tête de ſon Régiment de Cuiraſſiers & d'un gros de Huſſars, & taillées en piéces. Le Colonel Sédentz qui les commandoit y fut tué, quatre piéces de canon & les drapeaux pris. Le Gé-néral Jaſmund ayant eu avis de cette attaque, y courut avec le Régiment de Frankenberg; mais il arriva trop tard, & ne trouva que des morts & des mourans. L'Ennemi s'étoit re-tiré après avoir fait ſon coup.

Cependant le Maréchal de Bellile, jugeant ſa préſence néceſſaire en Baviére, avoit pris congé de l'Empereur, & étoit parti de Franc-fort le 15. de Mai. Le hazard voulut qu'il rencontrât à quelques journées de-là le Général

néral Schmettau, que le Roi de Pruſſe envoyoit porter à l'Empereur la nouvelle de ſa victoire. Après une courte entrevue, Mr. de Bellile changea le deſſein de ſon voyage, & réſolut d'aller droit en Bohême pour aider le Maréchal de Broglio à profiter de la diſpoſition où le gain de la bataille de Chotuſitz avoit mis les affaires des Alliés. Je dis le gain de la bataille, pour ſuivre les idées communes, quoiqu'au fond il n'y ait eu d'autre avantage que d'être reſté maître du champ de bataille.

Pendant que Mr. de Bellile étoit en chemin, le Prince de Lobkowitz, dont l'Armée s'étoit accrue juſqu'à douze mille hommes, forma le deſſein de s'emparer de Frauenberg. C'eſt une petite Ville du Cercle de Pilſen à demi ruinée, & avec de vieilles fortifications auxquelles les François avoient ajoûté quelques ouvrages de terre. Le château eſt ſitué ſur une des plus hautes montagnes de Bohême, eſcarpée de tous côtés, au bas de laquelle on voit encore de vieux retranchemens; & près du château, qui n'eſt plus qu'une maſure, une tranchée, reſte des guerres des Huſſites. Je raconterai ici l'origine de Frauenberg, pour divertir l'eſprit du Lecteur des idées triſtes & lugubres que le récit de tant de combats peut avoir fait naître.

On trouve dans les *Annales d'Allemagne* que Henri I. ſurnommé *l'Oiſeleur*, avoit une Fille d'une grande beauté, nommée Héléne. Le Comte Albert d'Altenbourg en devint amoureux, & s'en fit aimer. Comme il n'y avoit aucune apparence qu'ils obtinſſent de l'Em-

G 5

pereur

pereur la permission de se marier, ils prirent la résolution de se retirer ensemble dans quelques forêts inaccessibles. Pour y réussir, le Comte se mit d'abord au service de l'Empereur, pour avoir le tems de vendre ses biens. Quand il eut amassé une assez grande somme pour se mettre en état de subsister avec sa Maîtresse dont il vouloit faire sa femme, il demanda congé pour un certain tems sous prétexte de quelque voyage pour ses affaires. Il jetta les yeux sur la Bohême, pays de montagnes & de bois où il est aisé de se retrancher. Ayant trouvé un endroit favorable à son dessein, il s'y arrêta, & y fit bâtit le château de Frauenberg. Il fit en même tems provision pour plusieurs années de toutes les choses nécessaires à la vie. Il n'oublia pas non plus celles qui l'étoient à sa défense en cas d'attaque. Le fort achevé, il assembla tous ses ouvriers & leurs familles, sous prétexte de leur faire bâtir une Ville au pied de la montagne où étoit le château. Ils mirent en effet la main à l'œuvre; mais l'ouvrage fut bientôt interrompu, parce qu'Albert craignoit avec raison que les Ouvriers s'en retournant chez eux ne révélassent son secret. Il prit donc le cruel parti de les faire tous bruler après les avoir enivrés. Cette horrible exécution faite, il retourna plus passionné que jamais à la Cour, où il avoit laissé la belle Héléne. Quel moyen de l'obtenir? Il n'y en avoit point d'autre que de l'enlever, comme ils en étoient convenus. Il lui proposa donc un jour de faire avec des Dames une partie de promenade à la campagne, dans un certain endroit qu'il lui avoit

mar-

marqué. La compagnie étant arrivée au rendez-vous fecret, le Cavalier prit la Dame, & l'enleva à la vue des autres fuyant au grand galop. Après une affez longue courfe, ils arrivérent à leur château, où Héléne fut ravie en admiration de fe voir reçue fi fplendidement. Beaux jardins, appartemens commodes & magnifiques, charmante vue, munitions de guerre & de bouche, & fur-tout une entiére liberté à leur paffion mutuelle. Pendant ce tems-là l'Empereur avoit été occupé à la guerre de Hongrie. En étant revenu victorieux, il établit fa réfidence à Ratisbonne, qui n'eft pas éloignée de la Bohême. Comme il étoit fort paffionné pour la chaffe, fon ardeur l'emportoit fouvent dans les forêts de Bohême. Il s'y engagea un jour fi avant qu'il s'égara, & fut longtems fans favoir où il étoit. Enfin, découvrant de la fumée, il pouffa fon cheval de ce côté-là. Il n'y put arriver que la nuit, tant les chemins étoient impraticables. Il eut encore beaucoup de peine à fe faire ouvrir, tout étant déjà clos & bien fermé. Albert ayant demandé *qui va-là? Ayez pitié*, dit Henri, *d'un Voyageur qui s'étant égaré n'a ni bu ni mangé depuis trois jours.* Il y avoit longtems que nos Amans ou nos Epoux n'avoient vu l'Empereur, & apparemment il avoit beaucoup changé depuis ce tems-là, deforte qu'ils ne le reconnurent pas pour fon bonheur, comme on va le voir. Héléne, curieufe de voir un homme, ce qui ne lui étoit pas arrivé depuis cinq ans à la réferve de fon mari, pria inftamment ce dernier de recueillir cet Etranger. On le reçoit amiablement, on lui allume du feu, &

on

on lui donne les rafraîchiffemens néceffaires.
L'Empereur reconnut d'abord fon Gendre &
fa Fille, mais il n'eut garde d'en faire femblant. Il leur fit accroire qu'il étoit un Gentilhomme, qui après avoir beaucoup dépenfé
à vifiter plufieurs Cours de l'Europe, s'en re-
tournoît chez lui fort court d'argent. Sur cela Héléne lui demanda des nouvelles de l'Empereur Henri. *Il eft mort*, lui répondit le
faux Voyageur. *Quoi vous ne favez pas cela?
& il y a déjà un an! Ha*, s'écria-t-elle, *l'a-
gréable nouvelle que vous m'apprenez! En ré-
compenfe je veux faire votre lit de ma propre
main, & vous coucher mollement. Je voudrois
que tout le refte de ma Famille fût éteinte,
pour recouvrer ma liberté & celle de mon cher
Ami que voilà. Mais dites-moi, je vous prie,*
Madame, *fi vous aviez à-préfent l'Empereur
entre vos mains, comme vous m'avez, que lui
feriez-vous? Nous ferions enforte qu'il ne paffe-
roit pas le jour.* Après de femblables entre-
tiens, on accompagna l'Empereur dans fa
chambre, & le lendemain il retourna à Ratisbonne au grand étonnement de fa Cour qui
étoit fort en peine de lui. Comme tout le
monde le félicitoit, *Tréve de complimens*, dit-
il aux Seigneurs qui l'entouroient, *j'ai une
priére à vous faire, c'eft de vous armer inces-
famment pour me venger d'un ennemi que j'ai
découvert.* Auffitôt dit, auffitôt fait. On fe
met en marche en bon ordre, on commande
des ouvriers pour abattre les arbres & élargir le chemin jufqu'à la forterefle. Cependant ces Seigneurs voulurent favoir qui étoient
donc ces ennemis qu'ils alloient combattre.

C'eft

C'eſt mon ſcélérat de Gendre, dit-il, *& mon indigne Fille, qui ſont dans ce château que vous voyez. Allez l'envahir, & me les amenez priſonniers.* A l'inſtant on marche droit à la forterſſe, & on en demande l'entrée. Albert allarmé de ce tumulte inopiné demande ce que c'eſt. *C'eſt*, lui cria-t-on, *l'Empereur Henri qui a été chez vous ces jours paſſés, & qui nous commande de vous amener à lui morts ou vifs.* Auſſitôt il ſe mit en défenſe, mais les cordes de ſon arc étant pourries il falut ſe ſervir de pierres. Héléne cependant pouſſoit des cris effroyables. *Je ne ſurvivrai pas*, diſoit-elle, *une heure à mon Epoux, tuez-moi, ou je me tuerai moi-même.* Les Chefs d' l'Armée touchés de compaſſion, priérent Henri de leur faire grace. Il le fit, non ſans quelque répugnance. Le Traité ayant été conclu, la forterſſe fut ouverte à l'Armée, les coupables demandérent pardon à genoux, & l'obtinrent. Ils ouvrirent les tréſors cachés en terre ſous la porte de la chambre où l'on mangeoit, après quoi ils ſuivirent l'Empereur à Ratisbonne.

C'eſt ainſi, ſelon les Annales, que commença la Ville & Forterſſe de Frauenberg en 930.

Il y avoit longtems que le Prince de Lobkowitz avoit compris la néceſſité de s'emparer de ce poſte pour s'ouvrir la campagne jusqu'à Prague, & favoriſer les courſes des partis, que cette petite Place tenoit en quelque ſorte en crainte de ce côté-là. Il n'attendit que le retour de la belle Saiſon pour exécuter ſon deſſein, & des le 16. Mai il ſe

trouva

trouva en état d'agir. Trois cens Croates prirent les devans foutenus de quelque Cavalerie & Huffars, & fe préfentérent devant la Ville. Après une courte réfiftance l'Ennemi l'abandonna & fe retira dans le château. J'ai dit que ce n'étoit qu'une mafure; cependant fa fituation & l'épaiffeur des murailles qui font encore fur pied, jointe à quelques ouvrages que les François y avoient fait, le mettoient en état de pouvoir être défendu pendant quelques jours.

Le 18. le Prince de Lobkowitz arriva avec le refte de fes troupes faifant environ dix mille hommes, douze piéces de canon, & quelques mortiers, dont on commença à faire un feu terrible. Il établit fon quartier-général à Sahai, Village à une lieue au-deffus de Frauenberg. Tous ces lieux au-refte font fitués fur la Moldau, & Budweis eft à deux lieues & demi au-deffous de Frauenberg de l'autre côte de la Riviére.

Le 19. on tira quantité de bombes pour incommoder les Affiégés & ruiner leurs batteries. Sur le foir Mr. de Lobkowitz fit fommer le Commandant, qui répondit en ftile militaire que la poire n'étoit pas encore mûre, & qu'il y auroit encore bien des têtes caffées avant qu'il parlementât.

Il avoit trouvé moyen de faire avertir le Maréchal de Broglio de l'entreprife des Autrichiens, affez à tems pour que ce Général pût faire les difpofitions néceffaires pour marcher à fon fecours.

Le 23. le château de Frauenberg tenoit en-

encore, & ce même jour le Maréchal de Bellisle arriva à l'Armée près de Pisek.

Après avoir consulté quelque tems ensemble, les deux Généraux François se mirent
eu marche vers Frauenberg. A cette nouvelle le Prince de Lobkowitz ne laisse que
peu de monde dans les approches, & range
son Armée en bataille de maniére que sa droi-
té étoit appuyée au Village de Sahai, où il
avoit jetté trois cens Pandoures ou Lycaniens;
sa gauche étoit couverte d'un marais fort
long, & il avoit à dos un bois-taillis. Dans
cette situation il étoit presqu'inabordable.
Les Généraux François ayant reconnu eux-
mêmes sa disposition, formérent la leur de
cette maniére. Comme ils étoient supérieurs
en force, ils détachérent une partie de leurs
troupes, avec ordre de tourner le marais
qu'on avoit reconnu n'être pas guéable, &
avec l'autre partie ils firent attaquer le Village de Sahai. Les Régimens commandés
pour cette attaque, essuyérent en y allant tout
le feu du canon des Autrichiens, qui leur tua
& blessa beaucoup de monde. Le Village fut
attaqué, les Pandoures en furent chassés, &
en se retirant ils mirent le feu au Village, soit
pour favoriser leur retraite, soit pour nuire
à l'Ennemi qui les poursuivoit la bayonette
dans les reins. Après cet avantage, les ennemis
attaquérent la droite de Mr. de Lobkowitz.
Mais ce Prince, plus attentif à la manœuvre
que les François faisoient à sa gauche, comprit qu'ils avoient dessein de lui couper la retraite vers Budweis. Sur cela il jugea à propos
d'abandonner le terrain avantageux où il étoit
posté,

pofté, afin de fe replier vers le bois qui étoit derriére lui. Ce mouvement fe fit avec tout l'ordre poffible.

Là il délibéra s'il abandonneroit le fiége de Frauenberg, pour retourner à Budweis avant que l'Ennemi l'eût prévenu. Mais connoiffant le pays à fond, il comprit que ce Corps détaché ayant des défilés très-difficiles à paffer dans la route qu'il prenoit, & un grand détour à faire, il ne pouvoit arriver fitôt, & qu'il auroit lui-même tout le loifir de combattre les troupes qu'il avoit en face; & que s'il venoit à bout de les défaire, Frauenberg étoit à lui, & le Corps qui marchoit pour le couper auroit bien de la peine à fe mettre en fûreté. Réfolu de tenter fortune, il reparoît en bataille hors de ce bois avec fon Artillerie, & marche lui-même aux François. Le combat commença entre la Cavalerie. Trois Régimens de Cuiraffiers fondirent fur les Carabiniers François, qui étoit foutenus de deux Régimens de Dragons. Ils furent bravement reçus, & fe virent obligés de plier, après avoir fait tout ce qu'on peut attendre de bonnes & braves troupes. L'Infanterie Françoife chargea en même tems celle d'Autriche, & la pouffa jufqu'à l'entrée du bois, où les Cuiraffiers s'étoient venus rallier. Les troupes de la Reine revinrent à la charge, mais avec auffi peu de fuccès qu'auparavant. Quelques efforts que fît le Prince de Lobkowitz, il lui fut impoffible de rompre les Ennemis. Auffi faut-il avouer qu'ils avoient-là l'élite de leurs troupes. Leurs Carabiniers y firent parfaitement bien, & y perdirent force

ce gens. Une de leurs Brigades d'Infanterie (on m'a dit que c'étoit celle de Navarre) chargea trois fois la bayonette au bout du fufil avec une impétuofité à peine concevable.

Comme j'étois témoin oculaire, je n'avance que ce que j'ai vu ; & il faut avouer que ce Régiment de Navarre a bien brillé dans cette guerre, comme nous le verrons dans la relation du fiége de Prague. De notre côté le Régiment de Hohenzollern, Cuiraffiers, fe diftingua beaucoup, & fut prefqu'entiérement ruiné.

Le combat avoit commencé le 25 à cinq heures de l'après-midi, & ne finit qu'avec le jour.

Le Prince de Lobkowitz profita de ce tems-là pour lever entiérement le fiége de Frauenberg. Il avoit déjà, dès la premiére attaque, ordonné de ramener la groffe Artillerie à Budweis.

Après avoir fait prendre les devans aux bagages, il reprit la même route, & par précaution il fit rompre les ponts fur lefquels il repaffa la Moldau, abandonnant le champ de bataille à l'Ennemi avec cinq à fix cens morts & quelques étendars. La perte des Ennemis montoit à deux cens cinquante hommes. Mais avec cette différence que nous n'eûmes pas un homme de marque bleffé, au-lieu qu'il y eut de leur côté un Duc qui le fut dangereufement, ce fut le Duc de Chevreufe; & un des fils du Maréchal de Broglio reçut une bleffure affez légére.

Voilà quelle fut l'iffue du combat de Sahai, dont les deux Partis ont parlé d'une maniére

ſi contradictoire, que ſi l'on en croit leurs relations, les Autrichiens ont été les François,
(1) & les François les Autrichiens. On ne
ſauroit diſconvenir que ces derniers n'ayent
eu du desavantage dans cette action, mais il
faut avouer en même tems que l'avantage des
François ſe réduiſit à peu de choſe. Ils firent
lever le ſiége de Frauenberg, obligérent le
Général Autrichien à regagner Budweis, &
ravitaillérent la Garniſon de Frauenberg : mais
ce n'étoit pas la peine d'envoyer le Marquis
de Mirepoix à l'Empereur pour lui porter
cette nouvelle, ni de faire tirer le canon de
Francfort.

Les deux Maréchaux de France réſolurent
cependant de n'en pas demeurer-là, & formérent le deſſein d'aller attaquer le Prince
de Lobkowitz dans ſon Fort, après avoir
manqué de lui en couper le retour.

Un incident dérangea néanmoins ce projet. Ils avoient laiſſé un Corps de Cavalerie à Tein, petite Ville du Comté de Bechin
en-delà de la Moldau ; ce Corps étoit aux
ordres de Mr. d'Aubigné. Un autre de Dragons avoit été poſté à Crumau, du même
côté de la Moldau, ſous les ordres du Duc
de Boufflers. Par cette poſition, le Prince
de Lobkowitz ſe trouvoit enfermé au Nord
& au Midi de Budweis ; & ſi le Roi de Pruſſe avoit ſeulement continué à faire tête au
Prince Charles, il y a apparence que, malgré
l'avantage du poſte de Budweis, le Prince
de Lobkowitz y auroit été forcé, ou qu'il auroit

____

(1) Voy. le Merc. Hiſt. Juin p. 654.

roit falu qu'il l'abandonnât, vu la fupériorité des forces des Ennemis. Le gros de leurs troupes étoit retourné à Pifeck pour fe repofer, tandis que pour mieux affurer leur coup, les deux Maréchaux faifoient venir quelques Régimens de la Garnifon de Prague.

Mais le hazard voulut qu'un Courier Anglois qui venoit de Vienne, & qui étoit chargé de dépêches, étant venu à paffer par Prague, fut arrêté par ordre du Gouverneur de cette Ville & mené à Pifeck, pour être préfenté aux deux Maréchaux. Il raconta qu'il avoit été volé par les Pandoures, & cela étoit vrai; mais il protefta qu'il ne favoit rien du fujet de fon voyage, & qu'il n'avoit que des lettres à remettre au Roi de Pruffe. Comme la route qu'il tenoit n'étoit guére celle du Camp Pruffien, on le foupçonna de vouloir plutôt aller à Breflau ; il détourna toujours foigneufement ce foupçon. On fit femblant de le croire, mais on n'en penfa pas moins. Et pourquoi les François n'auroient-ils pas eu des foupçons de ce qui fe tramoit, puifque toute la Terre en avoit ? La Cour de France pouvoit-elle faire fond fur l'alliance des Pruffiens, & ne pas avoir prévu ce que les plus fimples Raifonneurs d'affaires politiques avoient prévu ? Il n'y a pas d'apparence.

Cependant le Courier fut conduit au camp du Roi de Pruffe avec une efcorte, fous prétexte de fa fûreté, mais en effet pour voir fi on ne pourroit pas tirer de lui quelque aveu certain de ce qu'on foupçonnoit. L'Officier qui étoit chargé de le conduire fûre-

H 2   ment

ment au Camp Pruſſien, avoit ordre en même tems de tâcher de le faire parler, & d'obſerver ce qui ſe diroit dans le camp des Pruſſiens.

On apprit enfin qu'on ne parloit que de paix, & ſur cela le Maréchal de Bellile jugea à propos de ſe rendre lui-même auprès du Roi de Pruſſe, pour ſavoir ſi ce bruit étoit vrai. De cette maniére le deſſein d'attaquer Budweis fut différé, & il falut même dans la ſuite y renoncer, pour penſer à ſe défendre ſoi-même contre ceux qu'on avoit voulu attaquer.

Arrivé auprès du Roi de Pruſſe, le Maréchal de Bellile ne lui diſſimula pas les ſoupçons qu'on avoit; & ce Monarque lui dit avec la même franchiſe, qu'il croyoit que le Traité étoit à peu près conclu. Que perſonne ne pouvoit trouver mauvais qu'il fît une paix aux conditions qu'il avoit preſcrites, & que qui que ce ſoit en feroit autant. Qu'en abandonnant l'alliance de l'Empereur, il n'abandonnoit pas ſes intérêts; mais que la Reine de Hongrie lui accordant tout ce qu'il demandoit, il n'avoit plus aucun prétexte de lui faire la guerre.

Après une réponſe ſi préciſe, le Maréchal de Bellile vit bien que c'étoit une affaire faite, & qu'il n'y avoit plus rien à eſpérer de ce côté-là. Il réſolut d'aller faire une tentative à la Cour de Dresde, pour l'engager à faire ſortir les Troupes Saxonnes de leurs quartiers, & à les employer à la défenſe de la Bohême, ou à quelque diverſion qui partageât les nombreuſes forces qu'il prévoyoit

:yoit bien que les François auroient dans peu
fur les bras. Cependant il dépêcha un Courier au Maréchal de Broglio pour l'avertir
de ce qui fe paffoit, & que le Prince Charles
avoit reçu de nouveaux renforts ; qu'il étoit
en marche pour joindre le Prince de Lobkowitz, & qu'il ne doutoit pas que ce ne fût
pour l'aller attaquer.

Mr. de Broglio étoit à Frauenberg lorfqu'il
reçut cet avis. Il en partit au plus vite
pour Pifeck, où il manda toutes les troupes
répandues en divers quartiers. Il y affembla
une Armée d'environ vingt mille hommes,
y compris les Corps du Duc de Boufflers &
de Mr. d'Aubigné. Il laiffa le premier à
Crumau, & l'autre à Tein, qui n'eft qu'à
quatre lieues de Pifeck, & à deux de Frauenberg. Il donna ordre cependant à l'un &
à l'autre de fe préparer à une vigoureufe
réfiftance. Il efpéroit moyennant cela de pouvoir attendre tranquillement le fecours des
Saxons, & les recrues qu'on lui envoyoit de
France.

Cependant le Maréchal de Bellile étoit allé, comme je viens de le dire, folliciter du fecours à la Cour de Saxe. Mais on lui fit entendre que les débris des Troupes Saxonnes
étoient trop foibles pour fe remettre en campagne ; qu'il faloit du tems pour les recruter,
& qu'en attendant on en avoit un befoin extrême pour couvrir le Pays. Que fept ou
huit mille hommes de plus ou de moins ne
changeroient pas la face des affaires. Que
la défenfe de la Saxe touchoit Sa Majefté
Polonoife de plus près que celle de la Bo-

 hê-

hême; & que le Roi de Prusse ayant fait sa paix, l'Electorat de Saxe étoit trop exposé, pour que les Troupes, naturellement destinées à le défendre, pussent s'en éloigner. Après avoir inutilement négocié, Mr. de Bellile s'en retourna à Prague.

Sur ces entrefaites le Maréchal de Broglio eut avis que douze mille hommes de milice destinés à recruter son Armée, étoient arrivés aux environs d'Egra. Sur quoi il résolut de marcher en avant & de se poster à Frauenberg, pour être à portée de soutenir les troupes qu'il avoit en-delà de la Moldau à Tein & à Crumau, & pour y attendre ce renfort. Il envoya quelques Bataillons d'Infanterie à Mrs. d'Aubigné & de Boufflers, avec ordre de défendre leurs postes aussi longtems qu'ils pourroient; & s'il n'y avoit pas moyen de repasser la Moldau, de rompre les ponts, & de retarder le passage de l'Ennemi. Il paroissoit avoir dessein de hazarder une bataille, au cas qu'il pût recevoir assez à tems le renfort en question; & en effet c'eût été le meilleur parti. Le pis qu'il pût lui arriver c'étoit de la perdre, & il n'y avoit pas plus de risque à cela qu'à se retirer en ne la donnant pas. J'en appelle aux gens du métier. Mr. de Broglio auroit eu une Armée de trente-cinq mille hommes, s'il eût pu être joint par ces douze mille. Celle du Prince Charles, y compris le Corps de Lobkowitz, n'alloit qu'à quarante mille hommes; le surplus étoit de Pandoures & de Croates, dont le Général François ne faisoit peut-être pas grand cas pour une action

tion

tion générale; & peut-être ne regardoit-il pas comme une grande difproportion, de n'avoir pas avec lui un effaim de Barbares, qui cherchent plus le pillage que le combat, & qui font plus propres à tuer ceux qui fuyent qu'à vaincre ceux qui font ferme. Malheureufement le Prince Charles fit tant de diligence, que fon Avant-garde parut fur la Moldau lorfqu'on s'y attendoit le moins; & Mr. d'Aubigné, bien loin de faire la moindre réfiftance, ne penfa qu'à abandonner fon pofte & à repaffer la Riviére. Ce qu'il fit dans un très-grand defordre, & les Huffars le fuivirent de fi près qu'ils ne lui donnérent pas le tems de rompre le pont.

Le Prince Charles, bien informé par les gens du Pays, de la fituation des troupes de France, & des renforts qu'elle attendoit, jugea qu'il faloit les attaquer, pendant qu'elles étoient encore fi foibles, & que le fuccès dépendoit de la diligence. Sur cela il quita Sobieflau où il avoit été joint par le Prince de Lobkowits, & fans laiffer repofer fes troupes il marcha droit à Tein. Il fe plaça fur une hauteur pour voir l'attaque de ce pofte, mais il ne vit que le defordre de la retraite de Mr. d'Aubigné. Dès qu'il l'eût vu fuir, il ordonna au Prince de Birckenfeld, qui commandoit l'Avant-garde, de faire garder le pont par les Huffars, le Carabiniers & les Grenadiers à cheval, pour pourfuivre l'Ennemi, & couper les troupes qui étoient à Crumau fous les ordres du Duc de Bouflers.

Cela fut exécuté avec toute la promtitude

pofpossible ; & Mr. de Bouflers, qui sur l'avis de la marche du Prince Charles avoit aussi abandonné Crumau & repassé la Moldau, tâchant de se retirer à Prachatitz, pour de-là gagner Frauenberg où étoit le gros de l'Armée, eut beaucoup de peine à se tirer d'affaire. Ses troupes furent hachées en piéces, il n'en ramena que très-peu au gros de l'Armée, qu'il ne rejoignit qu'à Piseck. Il perdit son canon, son bagage, & divers étendars & drapeaux : triste coup d'essai pour un jeune Général, chargé de soutenir un nom assez fameux dans l'Histoire de ce Siécle.

Le Prince Charles fit passer la Moldau à toute son Armée, & marcha sur deux colonnes jusqu'à demi-lieue de la Riviére. Il campa dans un terrain avantageux, & après avoir donné quelque repos à ses troupes, il se remit en marche, espérant d'atteindre bientôt le gros des troupes de France.

Cependant le Maréchal de Broglio, instruit par quelques fuyards de la déroute de d'Aubigné & de Bouflers, & du passage de la Moldau, ne perdit point la tramontane. Il seroit à souhaiter pour les François, qu'il eût montré en toute occasion autant de capacité, de sang-froid, & de zéle pour la gloire des armes de son Maître, qui venoit de le combler d'honneurs & de biens, qu'il en montra dans celle-ci. On ne sauroit nier que sa retraite de Frauenberg à Piseck, & de Piseck à Prague, n'ait été un chef-d'œuvre de conduite militaire. Je parle aux gens d'esprit qui ne se préviennent jamais ni contre un homme en particulier, ni contre une

Nation

Nation en général, & qui rendent justice à la vertu. Ceux pour qui les Gazettes sont des oracles, & les fades plaisanteries des vérités joliment dites, ceux-là, dis-je, seront peut-être fâchés de me voir heurter de front leurs préjugés: mais peu m'importe: ce n'est pas ma faute après tout s'ils décident sur des choses qu'ils n'entendent pas, & d'après des relations partiales copiées par des Ecrivans aveugles & passionnés.

Toutes les troupes du Maréchal de Broglio ne faisoient que douze mille hommes, car il n'avoit pas encore été joint par les débris de celles du Duc de Bouflers. Celles du Prince Charles, y compris les irréguliéres, montoient à plus de cinquante mille hommes. La partie étoit, comme on voit, très-inégale. Il y avoit encore une différence, qui n'étoit peut-être pas moins avantageuse aux Autrichiens, que l'extrême supériorité de leurs forces. C'est qu'ils marchoient avec la confiance qu'on a quand on va à une victoire assurée, au-lieu que les François devoient naturellement être épouvantés du nombre de leurs Ennemis, & plus encore de la manœuvre de leurs Alliés. Aussi les Soldats se demandoient-ils les uns aux autres où étoient les Prussiens, les Saxons & les Oulans. Des Espions déguisés en Vivandiers, & apostés par le Prince Charles, répandoient parmi eux un bruit sourd que le Roi de Prusse les avoit livrés aux Autrichiens, & qu'il marchoit lui-même d'un autre côté, pour les enfermer & les tailler en piéces. Ce bruit, tout peu fondé qu'il étoit, leur paroissoit vraisemblable ; & la peur grossissant les ob-

jets,

jets, leur multiplioit le nombre de leurs Ennemis, & celui des Puiſſances qui avoient conſpiré leur perte. Cependant la fermeté de leurs Officiers, le viſage ſerein de leur Général, & les cris répétés de *Vive le Roi, & de l'honneur de la France*, les raſſuroient. Ils s'encourageoient les uns les autres, & s'exhortoient mutuellement à périr plutôt tous, que de commettre une lâcheté.

Le Prince Charles avoit diviſé ſon Armée en trois Corps, qui marchoient ſur un front égal à peu de diſtance les uns des autres, & cela dans la vue d'envelopper les François en les rencontrant. Le Maréchal de Broglio en ayant été informé, diviſa auſſi la ſienne, non pas en trois corps, mais en trois pelottons de quatre mille hommes chacun. Il avoit décampé de Frauenberg, après en avoir retiré la Garniſon, & avoir fait faire demi-tour à droite pour gagner Wodnian & paſſer le Blanitz, ruiſſeau qui ſe perd dans l'Ottava à deux lieues de-là. A peine avoit-il fait ce mouvement, que le Prince Charles parut. Son Alteſſe avoit pris poſſeſſion de Frauenberg, & y avoit mis trois cens Hongrois & quelques troupes réglées en garniſon. Le Général François vit le moment où il alloit avoir toute l'Armée ennemie ſur les bras. Il ſe hâte de paſſer le ruiſſeau avec la plus grande partie de ſes troupes, pendant que la Brigade de Navarre & celle d'Anjou, formant un Bataillon quarré, ſe battoient vaillamment contre une nuée de Huſſars & de Croates, pour donner le tems au bagage de paſſer. Mais ce bagage fut peut-être ce qui ſauva cette brave

Infan-

Infanterie ; car les Huſſars & les Croates
laiſſant des gens avec qui il n'y avoit que
des coups à gagner, ſe ruérent brusquement
ſur les équipages. La peur ſaiſit les valets
qui les conduiſoient. Ils coupérent les traits
des chariots, & ſe jettant ſur les chevaux ils
s'enfuirent à toutes jambes. Les Huſſars ſe
mirent à piller, & ſe gorgérent de butin,
jusques-là qu'ils vendoient des habits tout cha-
marrés pour quatre ducats. L'Infanterie Françoiſe profita de ce moment-là, & achéva de
paſſer le ruiſſeau.

Le Maréchal rangea cette poignée de Soldats en bataille au-delà du ruiſſeau, & attendit
l'Ennemi de pied ferme. Une manœuvre ſi
fiére en préſence d'un Ennemi ſi formidable,
achéva de raſſurer ſes troupes. Le Prince
Charles parut d'abord ſur le bord oppoſé, &
fit mine de vouloir paſſer le ruiſſeau. Ce
n'étoit que pour tâter les François, qui firent
ferme par-tout. Deſorte qu'il ne jugea pas à
propos d'engager une action, prévoyant ſans-
doute qu'elle pourroit ne lui être pas favorable : tant le Général François avoit ſu profiter
avec habileté de l'avantage du terrain, & tant
la contenance de ſes troupes paroiſſoit aſ-
ſûrée.

La journée ſe paſſa à ſe cannoner, & à eſcarmoucher. Il me ſemble que depuis bien des
années on n'avoit pas vu douze mille hommes
en arrêter cinquante mille, & paſſer plus d'u-
ne demi-journée en leur préſence ſans recevoir le moindre échec. Si Mr. de Broglio a
jamais mérité le ſurnom de TURENNE, qu'on
dit que Louis XV. lui a donné, c'eſt ſans-doute

te dans cette occafion. Je ne fai même fi la fameufe Journée de Gien, où ce grand Capitaine arrêta l'Armée victorieufe du Prince de Condé, n'a pas quelque chofe de moins brillant que celle de Blanitz ; car quoique les deux actions foient femblables par rapport à la manœuvre, il y a neanmoins beaucoup de différence à l'égard du nombre des Ennemis. Il en eft des Généraux d'Armée comme des Peintres. Parmi ceux-ci, celui qui excelle dans la perfpective, ignore la teinte des couleurs ; & celui qui poffède le coloris en perfection, eft très-médiocre dans le deffein. Chez les Généraux, l'un excelle dans les marches, & n'a point ce qu'on appelle le *coup d'œil* : l'autre n'a point fon pareil pour le choix du terrain, & ignore l'art de profiter des fautes de fon Ennemi, de l'engager à prendre de fauffes mefures en lui cachant habilement les vues qu'il a, & de faifir ces heureux momens qui décident de la victoire. Les plus grands Généraux font ceux qui ont le plus de ces talens. Turenne les réuniffoit presque tous. Il poffédoit au plus haut degré toutes les parties dont une fuffiroit pour faire un bon Général dans ce tems-ci, où la Nature avare ne nous en a montré que de médiocres. J'ai fouvent réfléchi fur la conduite du Maréchal de Broglio, & ai penfé comment un Général qui a fait tant de mauvaifes manœuvres en fa vie, a pu en faire une le 6. de Juin, digne du plus grand Capitaine. J'ai enfin cru avoir remarqué, que ce Général excelloit dans le choix du terrain ; c'eft précifément ce qu'on appelle le *coup d'œil* ; mais qu'il manquoit abfolument

de

de vigilance & d'activité. Qu'il étoit lent à prendre ses résolutions; &, ce qui met une différence totale entre lui & Turenne, c'est que celui-ci n'avoit aucun intérêt particulier, dès qu'il s'agissoit du bien général de l'Etat & de la gloire de son Maître. Au-lieu que Broglio a toujours sacrifié ces motifs nobles & généreux à ses querelles particuliéres & à sa vengeance, comme nous le verrons en Baviére, & comme nous l'avons vu à l'égard de Mr. d'Aubigné, créature de Mr. de Bellile son rival dans le commandement, qu'il a laissé mal à propos avec trois mille hommes dans un poste où il n'y avoit pas moyen de se défendre, quoique d'Aubigné lui eût représenté le danger où il étoit d'être enlevé par les Ennemis qui s'avançoient vers lui. J'ai vu des gens qui blâmoient encore ce Maréchal, de ce qu'il étoit resté si longtems aux environs de Piseck depuis le retour de la belle Saison, & qu'il n'étoit pas allé attaquer Budweis. Mais on peut répondre à cela, que ses troupes étoient trop foibles pour une pareille entreprise. Il est vrai qu'après avoir reçu les quinze Bataillons de vieilles troupes que le Duc d'Harcourt lui avoit envoyés de Baviére, il semble qu'il auroit dû marcher en diligence contre Mr. de Lobkowitz; mais peut-être qu'il ne trouva pas bon de faire agir d'abord des troupes fatiguées par de si longues marches, & qu'il crut devoir leur laisser le tems de se reposer. Il est du-moins certain qu'il ne se remua que lorsqu'il apprit la nouvelle du siége de Frauenberg; & qu'après l'avoir fait lever, il s'opposa à Mr. de Bellile, qui étoit d'avis de marcher tout de

suite

suite à Budweis pour y forcer l'Ennemi, sans qu'il eût d'autres raisons de son opposition que sa lenteur naturelle, & cet esprit d'envie qui lui faisoit rejetter tout ce qui ne venoit pas de lui.

La journée se passa sans que le Prince Charles osât hazarder de traverser le ruisseau. Il feignit cependant plusieurs fois de le vouloir passer, tantôt d'un côté, tantôt de l'autre; mais le Maréchal ne prit point le change, & ne dégarnit aucune portion de son ordre de bataille. Il le laissa se remuer tant qu'il voulut, sans sortir de sa tranquilité. Ses troupes sembloient participer à sa fermeté & à son courage. Elles attendoient l'Ennemi sans branler. On ne voyoit sur leurs visages aucune marque de découragement, & le fond qu'elles faisoient sur l'habileté de leur Général, & sur leur propre valeur, les consoloit de l'abandonnement de leurs Alliés. Elle se portoient par-tout avec une intrépidité étonnante, eu égard aux circonstances où elles se trouvoient.

Ceci paroîtra peut-être éloge à certains petits génies, qui ne jugent des choses que par l'événement, & qui ignorent qu'il y ait de la gloire à acquérir même dans les disgraces de la guerre; qui dépriment la valeur des Troupes Françoises, sans faire attention qu'ils diminuent à proportion celle des Autrichiens: car enfin, s'il n'y a pas beaucoup de gloire à vaincre un Ennemi qui ne résiste pas, il y en a encore moins à ne pas le vaincre.

Cependant la nuit survint. Le Général Fran-

François en profita avec beaucoup d'habileté, pour dérober une marche à son Ennemi. Il partit à la sourdine, & marchant avec beaucoup de diligence, il arriva le septiéme à la petite pointe du jour sous Piseck. Il ne s'y artêta pas longtems, & dès l'après-midi il se remit en marche du côté de la Watta, après avoir recueilli à Piseck les débris des troupes de d'Aubigné & de Bouflers, & laissé dans Piseck une Garnison de douze cens hommes.

Le Prince Charles le suivit dès le 7. Il vit sur le chemin un spectacle assez triste, des blessés & des traîneurs François que les Hongrois avoient massacrés chemin faisant. Leurs corps étoient dispersés çà & là. Le 8. il arriva à Piseck, & fit sommer le Commandant, qui ne fit aucune résistance, & qui joignit l'imprudence à la foiblesse. Il dit qu'il vouloit se rendre, pourvu que ce ne fût point à des Hussars ou à des Croates. Ceux - ci en étant informés, forcérent les portes, & se ruérent brusquement sur la Garnison qui avoit mis bas les armes, & hachérent en piéces tout ce qui se présenta d'abord à eux. On eut assez de peine à les empêcher de massacrer le reste.

Le Prince Charles, désespérant de pouvoir joindre les François, détacha après eux toute sa Cavalerie légére. Elle atteignit leur Arriére-garde composée de l'élite de leurs troupes, leurs Carabiniers & leurs Grenadiers. Les Hussars les attaquérent, ils furent repoussés & revinrent à la charge. Ce manége dura pendant toute la marche, durant laquelle les Hussars achevérent de piller le peu qui restoit de bagage à l'Ennemi, qui leur fut abandonné par les conducteurs. Les Payfans fe mirent de la partie, heureux s'ils s'étoient contentés de piller; mais ils maffacroient ceux des François qui ne pouvant fuivre le gros de l'Armée, s'écartoient dans le Bois après avoir jetté leurs armes, efpérant que l'Ennemi les épargneroit les trouvant fans défenfe.

Pendant que le Maréchal de Broglio continuoit fa marche, le Prince Charles, n'efpérant plus le joindre, faifoit un mouvement à gauche, pour venir paffer l'Ottava près de Strakonitz, au-deffous de Pifeck, pour marcher de-là à Pilfen, afin de couper le fecours qui venoit d'arriver de France. Mr. de Broglio étant informé de ce mouvement en pénétra aifément le but, mais il n'étoit pas en état de s'y oppofer. Son principal foin étoit de fauver l'Armée qu'il commandoit; & pour cet effet il jugea à propos de prendre plus fur la droite, s'éloignant toujours davantage de Pilfen, qu'il avoit à gauche.

Pilfen eft fituée au confluent de la Myza & de l'Ottava, à neuf lieues de Prague, fur le grand-chemin d'Egra, dans un terrain fort pierreux. Elle a paffé autrefois pour une forte place, ce n'eft à préfent qu'une bicoque. Les François y avoient cinq cens hommes en garnifon, qui furent tous faits prifonniers de guerre. Les Autrichiens s'emparérent en même tems d'un grand magazin que les François y avoient affemblé. On croit à vue de pays que l'Ennemi perdit fix mille hommes dans fa retraite, tant tués que prifonniers ou déferteurs.

La

La prife de Pilfen n'empêcha pas la meilleure partie du fecours qu'on vouloit couper, de fe rendre à Prague, malgré toute la diligence du Prince Charles; mais elle coupa entiérement la communication avec la Baviére.

J'ai entendu des gens qui prétendoient que le Maréchal de Broglio auroit dû fe retirer du côté d'Egra, & non pas vers Prague; parce qu'il auroit, difoient-ils, toujours eu un chemin ouvert pour retourner en France par la Baviére, la Suabe & la Franconie. Mais ces gens n'y penfoient pas bien. Mr. de Broglio avoit fes ordres, & il étoit chargé de défendre la Bohême & non pas de l'abandonner. D'ailleurs le chemin de Frauenberg à Egra eft bien autrement long, que de Frauenberg à Prague; & preffé comme il étoit, il convenoit qu'il cherchât l'afyle le plus proche. Sans compter que par cette manœuvre il perdoit toute la Bohême, & attiroit en Baviére toute l'Armée du Prince Charles.

Le Maréchal de Broglio avoit gagné Beraun, où il faifoit repofer fon Armée, pendant que celle du Prince Charles fe rétabliffoit de fes fatigues dans fon camp de Pilfen. Ce fut-là que ce Prince reçut la nouvelle que le Roi de Pruffe avoit fait publier la Paix dans fon camp.

Voici quels étoient les Articles Préliminaires de cette fameufe Paix.

TRAITE' PRELIMINAIRE *entre Sa Majefté la Reine de* HONGRIE *& de* BOHEME *& de Sa Majefté le Roi de* PRUSSE.

,, Une funefte guerre s'étant élevée entre

„ Sa Majesté le Roi de Prusse & Sa Majesté
„ la Reine de Hongrie & de Bohême, on a son-
„ gé de part & d'autre à la terminer par l'en-
„ tremise des bons offices de Sa Majesté Bri-
„ tannique, pour lequel effet Sa Majesté le
„ Roi de Prusse a muni de son Plein-pouvoir le
„ Sr. Henri Comte de Podewils, son Ministre
„ d'Etat & de Cabinet, Chevalier de son Or-
„ dre Royal de l'Aigle Noir ; & Sa Majesté la
„ Reine de Hongrie & de Bohême a muni du
„ sien, le Sr. Jean Comte de Hindford, Vi-
„ comte d'Inglesburg & de Nemphler, Lord
„ Carmichaell de Carmichaell, Pair de la Gran-
„ de - Bretagne, Ministre Plénipotentaire de
„ Sadite Majesté Britannique auprès de Sa Ma-
„ jesté le Roi de Prusse ; lesquels, après l'é-
„ change desdits Pleins - pouvoirs, & après
„ plusieurs Conférences, sont convenus des
„ Articles Préliminaires suivans, à Breslau ce
„ 11. de Juin N. S. de l'Année 1742.

„ ARTICLE PREMIER. Il y aura dé-
„ sormais, & à perpétuïté, une Paix inviola-
„ ble, de-même qu'une sincére union & par-
„ faite amitié entre Sa Majesté le Roi de Prus-
„ se d'une part, & Sa Majesté la Reine de
„ Hongrie & de Bohême, leurs Héritiers &
„ Successeurs & tous leurs Etats d'autre part;
„ desorte qu'à l'avenir les deux Parties Con-
„ tractantes ne commettront, ni ne permet-
„ tront qu'il se commette aucune hostilité se-
„ crettement ou publiquement, directement
„ ou indirectement.

„ II. Les deux Hautes Parties Contractan-
„ tes ne donneront aucun secours aux Enne-
„ mis de l'un & de l'autre, & ne feront avec

eux

,, eux aucune Alliance qui puisse être con-
,, traire à ces Préliminaires de Paix, déroge-
,, ant même à celles qui pourroient avoir été
,, faites par le passé, entant qu'elles seroient
,, opposées aux présens engagemens ; & tâ-
,, cheront de détourner, autant qu'il sera pos-
,, sible, la seule voie des armes exceptée, les
,, dommages dont l'une & l'autre Partie est
,, ou pourroit être menacée par quelqu'au-
,, tre Puissance.

,, III. Il y aura de part & d'autre une
,, Amnistie générale de tout le passé, & les
,, Sujets des deux Puissances Contractantes
,, qui ont été avant la guerre dans le Service
,, de l'une des deux Parties, ou qui y sont
,, entrés depuis qu'elle a été commencée,
,, jouïront de tous les effets d'une pleine &
,, entiére Amnistie, ne pouvant à cause des
,, Avocatoires publiés de part & d'autre, ou
,, sous quelque autre prétexte imaginable,
,, être inquiétés dans leurs personnes ou leurs
,, biens, & devant au-contraire y être réta-
,, blis s'ils en avoient été dépossédés pendant
,, la guerre.

,, IV. Toutes les hostilités cesseront de part
,, & d'autre dès le jour de la Signature des
,, présens Préliminaires, & les ordres en seront
,, d'abord donnés aux Armées & aux Trou-
,, pes des Hautes Puissances Contractantes.
,, Sa Majesté le Roi de Prusse retirera, sei-
,, ze jours après la signature des présens Pré-
,, liminaires, ses troupes dans les Pays de sa
,, domination ; & au cas que par ignorance
,, de ces Préliminaires de la Paix conclue on
,, commette quelque hostilité, cela ne por-

,, tera

,, tera aucun préjudice à la conclusion de ces
,, Préliminaires ; mais on se restituera les Hom-
,, mes & Effets qui pourroient être pris & en-
,, levés à l'avenir. Comme aussi il sera libre à
,, tous ceux qui voudront rendre leurs Biens
,, situés dans les Pays cédés à Sa Majesté le Roi
,, de Prusse, ou de transférer leur domicile
,, ailleurs, de pouvoir le faire pendant l'es-
,, pace de cinq ans sans payer aucun Droit.

,, V. Pour obvier à toutes les disputes sur
,, les confins, & abolir toutes les prétentions
,, de quelque nature qu'elles puissent être, Sa
,, Majesté la Reine de Hongrie & de Bohême
,, céde par les présens Préliminaires, tant pour
,, Elle-même que pour ses Héritiers & Succes-
,, seurs à perpétuïté, & avec toute la Souve-
,, raineté & Indépendance de la Couronne de
,, Bohême, à Sa Majesté le Roi de Prusse, ses
,, Successeurs & Héritiers de l'un & de l'au-
,, tre Sexe à perpétuïté, tant la Basse que la
,, Haute - Siléfie, à l'exception de la Princi-
,, pauté de Teschen, de la Ville de Troppau,
,, & de ce qui est au-delà de la Riviére d'Op-
,, pau & des hautes Montagnes ailleurs dans
,, la Haute-Siléfie, aussi-bien que de la Sei-
,, gneurie de Hennersdorff & des autres Dis-
,, tricts qui font partie de la Moravie, quoi-
,, qu'enclavés dans la Haute-Siléfie.

,, Pareillement Sa Majesté la Reine de Hon-
,, grie & de Bohême, tant pour Elle que pour
,, ses Successeurs & Héritiers, céde à Sa Ma-
,, jesté le Roi de Prusse, ses Successeurs &
,, Héritiers de l'un & de l'autre Sexe, à per-
,, pétuïté, la Ville & le château de Glatz &
,, tout le Comté de ce nom, avec toute la
,, Sou-

,, Souveraineté & Indépendance du Royaume
,, de Bohême.

,, En échange Sa Majefté le Roi de Pruffe
,, renonce dans la meilleure forme, tant en
,, fon nom qu'en celui de fes Succeffeurs &
,, Héritiers de l'un & de l'autre Sexe, à per-
,, pétuïté, à toutes les prétentions, telles
,, qu'elles puiffent être, qu'Elle pourroit avoir
,, ou avoir eues contre Sa Majefté la Reine de
,, Hongrie & de Bohême.

,, VI. Sa Majefté le Roi de Pruffe confer-
,, vera la Religion Catholique en Siléfie *in*
,, *ftatu quo*, ainfi que chacun des Habitans
,, de ce Pays-là, dans les poffeffions, libertés
,, & priviléges qui lui appartiennent légiti-
,, mement, ainfi qu'Elle a déclaré à fon en-
,, trée dans la Siléfie, fans déroger toutefois
,, à la Liberté entiére de confcience, à la Reli-
,, gion Proteftante, & aux Droits de Souve-
,, rain.

,, VII. Sa Majefté le Roi de Pruffe fe charge
,, du feul payement de la fomme hypothéquée
,, fur la Siléfie aux Marchands Anglois, felon
,, le Contract figné à Londres le 10 Janvier
,, 1734 - 35.

,, VIII. Tous les Prifonniers de part & d'au-
,, tre feront élargis fans payer aucune rançon,
,, immédiatement après la Signature des pré-
,, fens Préliminaires, & toutes les contribu-
,, tions cefferont en même tems, & tout ce
,, qui pourroit avoir été exigé après la Signa-
,, ture de ces Préliminaires fera rendu.

,, IX. Tout ce qui regarde le Commerce en-
,, tre les Sujets réciproques des Etats fera ré-
,, glé dans le futur Traité de Paix, ou par

,, une

,, une Commiſſion à établir de part & d'au-
,, tre, les choſes reſtant ſur le pied où elles
,, avoient été avant la préſente guerre, jus-
,, qu'à ce qu'on en ſoit convenu autrement.

,, X. On dreſſera & ſignera ſur le pied de
,, ces Préliminaires, en trois ou quatre ſemai-
,, nes au plus tard, un Traité de Paix formel
,, entre Sa Majeſté le Roi de Pruſſe & Sa Ma-
,, jeſté la Reine de Hongrie & de Bohême, dans
,, lequel on conviendra de tout ce qui n'a pu
,, être réglé par les préſens Préliminaires, qui
,, auront en attendant la même force & le mê-
,, me effet, que ſi un Traité formel de Paix
,, avoit été conclu & ſigné d'abord.

,, XI. Les deux Hautes Parties Contractan-
,, tes ſont convenues de comprendre dans ces
,, préſens Préliminaires de Paix Sa Majeſté le
,, Roi de la Grande-Bretagne, tant en cette
,, qualité qu'en qualité d'Electeur d'Hanno-
,, vre, Sa Majeſté de toutes les Ruſſies, Sa
,, Majeſté le Roi de Dannemarc, les Etats-
,, Généraux des Provinces-Unies des Pays-
,, Bas, la Séréniſſime Maiſon de Wolffenbuttel,
,, & Sa Majeſté le Roi de Pologne en qualité
,, d'Electeur de Saxe, à condition que dans
,, l'eſpace de ſeize jours après que la Signa-
,, ture de ces Préliminaires de Paix lui aura été
,, annoncée en dûe forme, il retirera ſes Trou-
,, pes de l'Armée Françoiſe & de la Bohême,
,, & des autres Pays appartenans à Sa Majeſté
,, la Reine de Hongrie & de Bohême.

,, XII. L'échange des Ratifications des pré-
,, ſens Articles Préliminaires ſe fera à Breſlau
,, dans huit ou dix jours, à compter du jour
,, de la Signature de ces Préliminaires.

,, En

,, En foi dequoi nous fouffignés Miniftres
,, Plénipotentiaires de Sa Majefté le Roi de
,, Pruffe & de Sa Majefté la Reine de Hongrie
,, & de Bohême, en vertu de nos Pleins-pou-
,, voirs qui ont été échangés de part & d'au-
,, tre, avons figné les préfens Articles Préli-
,, minaires, & y avons fait appofer les Cachets
,, de nos Armes. A Breflau ce 11. jour du Mois
,, de Juin N. S. de l'Année mille fept cens qua-
,, rante-deux.

(L. S.) HENRI, *Comte de* PODEWILS.
(L. S.) HYNDFORD.

Voilà quel fut le Traité de Breflau, qui
mettoit le Roi de Pruffe en poffeffion d'une
des meilleures Provinces de l'Allemagne. Ce
Prince eft trop habile pour avoir refufé de
faire la paix à des conditions fi avantageu-
fes. Il n'ignoroit pas que la fortune des armes eft inconftante, & il ne voyoit pas que
la continuation de la guerre pût lui apporter
de plus grands avantages, mêmé en la fuppofant toujours heureufe pour lui. Pourquoi
donc n'auroit-il pas fait la paix? puifqu'en la
faifant il ne renonçoit pas au droit de reprendre les armes dès que l'intérêt de fes E-
tats, & la fûreté de fes Acquifitions le deman-
deroient.

J'admire ici la hardieffe de quelques Gazetiers, qui difent qu'à la nouvelle de cet Accommodement la Cour de France fe trouva
dans une agitation extrême, & qui font dire
au Roi, parlant au Cardinal de Fleuri, *mes
Armées font donc perdues?* Ne diroit-on pas

qu'ils

qu'ils étoient cachés derriére une tapifferie pendant ce prétendu dialogue , dont le ridicule eft tout du côté de ces impertinens Ecrivains. Encore un coup , y a-t-il apparence que la Cour de France fût furprife d'un événement qui ne furprit perfonne , & que toute la Terre avoit prévu ? Il faudroit fuppofer la Cour de l'Europe la plus éclairée , aulli ftupide que ces Ecrivains. Le Confeil du Roi s'affembla , non pas pour faire des lamentations , comme l'infinuent ces habiles gens ; mais pour avifer aux moyens de prévenir les inconvéniens que l'Accommodement du Roi de Pruffe pouvoit attirer aux Affaires de l'Empereur , & aux Armes de France en Bohême.

Avant que de parler des mefures qui furent prifes pour cela , la liaifon des faits demande que je rapporte quel étoit l'état des chofes en Baviére.

Le Maréchal de Thöring avoit été joint par une partie des Troupes Palatines , & il venoit d'apprendre que le fecours qui lui arrivoit de France fous le Duc d'Harcourt s'approchoit de Donawert. Sur cet avis , il réfolut d'attaquer Kelheim , fuppofant que le Comte de Kevenhuller n'oferoit envoyer aucun fecours à cette Place , à caufe de l'approche du Duc d'Harcourt. Il fe trompa. Cependant il fe mit en marche le 10 d'Avril à fept heures du matin , avec vingt Bataillons & quelque dix Efcadrons. En arrivant devant la Place , il la fit infulter par fes Grenadiers, qui furent d'abord repouffés. Cette tentative ayant manqué , il fe pofta fur la hauteur des *Franciscains* , & commença à canonner Kelheim

Kelheim sans beaucoup d'effet. A onze heures il envoya un Officier & un Trompette pour sommer le Baron Tribbe, Lieutenant-Colonel du Régiment de Pallavicini, à qui le Comte de Kevenhuller avoit confié le commandement de ce Poste. Le Baron Tribbe fit répondre qu'il se défendroit jusqu'à la derniére extrémité, & qu'il espéroit d'être secouru. Sur cela les Bavarois recommencérent à canonner, & le Maréchal de Thöring fit passer le Danube dans des bateaux à un Détachement de trois mille hommes, qui devoient s'emparer du pont de Kelheim, pour investir la Place de tous côtés.

A peine toutes ces dispositions étoient faites, que le Général Berenklau parut en face du Comte de Thöring. On en vint aux mains. Les Bavarois eurent du dessous, & prirent le parti de se servir des bateaux qu'ils avoient sur le Danube, pour passer de l'autre côté de ce fleuve avec leur artillerie : ce qu'ils exécutérent pendant que leur Arriére-garde soutenoit le combat. Mais celle-ci n'ayant pas eu le tems de s'embarquer, elle auroit été faite prisonniére de guerre, si elle n'eût gagné des montagnes & des défilés inaccessibles. Berenklau, content d'avoir délivré Kelheim, s'en retourna, & le Maréchal de Thöring se retira à Rüdenbourg. Il y eut dans cette affaire quelque cent Soldats Bavarois tués ou blessés. Le Comte de Beaujeu, Aide-de-camp-Général de Sa Majesté Impériale, y fut fait prisonnier avec son frére cadet. Du côté des Autrichiens il y eut peu de tués & de blessés ; Berenklau fut du nombre de ces derniers,

I 5

ayant

ayant reçu un coup de feu au pied gauche?

Les Autrichiens n'avoient pas mieux réuſſi dans leur entrepriſe ſur Straubingen, que les Impériaux dans celle qu'ils avoient formée ſur Kelheim. Les premiers s'étoient préſentés dès le 4. d'Avril devant Straubingen, & s'étoient d'abord emparés de la baſſe Ville, preſque ſans coup férir. Leurs Croates & leurs Pandoures avoient d'abord tout pillé, après quoi on avoit commencé à jetter des bombes dans la Ville neuve. Mais les Aſſiégés faiſoient bonne contenance, & ils commencérent à faire de vigoureuſes ſorties ; deſorte que les Autrichiens furent obligés de lever le ſiége, & de ſe retirer.

Cependant le Maréchal de Thöring ſe diſpoſoit à faire une nouvelle tentative ſur Kelheim, lorſqu'il apprit que les Troupes de la Reine l'avoient abandonné. En effet, le Comte de Kevenhuller ayant des avis certains de l'approche des Troupes Françoiſes, & ne ſe ſentant pas aſſez fort, avoit jugé à propos d'abandonner les poſtes les moins importans, afin de groſſir ſon Armée des Garniſons qu'il y avoit miſes. En conſéquence il avoit envoyé ordre au Baron Tribbe de ſortir de Kelheim, après en avoir brulé le magazin & le pont.

Un pareil ordre avoit été donné quelques jours auparavant au Général Stentz, qui commandoit dans Munich ; & ſur un faux avis ce Général ſe hâta d'en ſortir, & le fit avec plus de précipitation qu'il n'étoit néceſſaire.

On croira facilement que ſon départ ne fut pas deſagréable aux habitans de Munich. Ils étoient depuis pluſieurs mois expoſés aux

inſultes

insultes de la Soldatesque Hongroise, insultes d'autant plus violentes qu'elle est moins disciplinée qu'aucune autre troupe. Quatre mille tant Croates que Pandoures avoient vécu dans cette Capitale presqu'à discrétion. Toute la Campagne fumoit encore des Villages qu'ils avoient brulés, & on ne voyoit de tous côtés que des familles ruinées par la perte de leurs biens & de leurs troupeaux. Tous ces objets avoient irrité les habitans de Munich, & sans s'embarasser des suites ils écoutérent un peu trop les sentimens de leur haine. Ils supposérent qu'une précipitation si marquée de la part du Général Autrichien ne pouvoit être que l'effet de quelque avantage remporté par les Troupes Bavaroises ; & d'ailleurs, confusément informés de la marche des troupes auxiliaires de France, ils crurent que les affaires de l'Empereur alloient prendre une face nouvelle ; & sur ce principe faux, quoique plausible, ils s'imaginérent qu'ils pouvoient se venger, & dans cette idée ils massacrérent quelques Hongrois qui étoient restés derriére, n'ayant pu d'abord suivre le gros de la Garnison.

Le Comte de Kevenhuller ayant eu avis de cet emportement, envoya ordre à Berenklau qui étoit à Braunau de marcher contre Munich, & de le reprendre pour en châtier la Bourgeoisie, qui avoit, disoit-il, insulté les troupes de la Reine. Sur cela Berenklau vint à Wasserbourg, où il fit transporter six piéces de canon que la Garnison de Munich avoit laissées à Bourghausen.

Le 5. de Mai au matin il partit de Has-
ferbourg,

ferbourg, & à une heure après midi il arriva à Ebersberg, où il tint Conseil de guerre, à l'issue duquel il détacha le Colonel Puébla avec trois cens hommes de troupes réglées soutenus d'un gros de Hussars, de Croates & de Pandoures. Il suivit lui-même ce Détachement avec le reste des troupes. Comme il étoit en chemin, il apprit que Mentzel, qui étoit à Landshut, avoit pris poste à Bogenhausen.

Le Général Berenklau se rendit auprès de ce Partisan pour concerter avec lui certaines mesures. Sur le soir il rejoignit ces troupes à Harthausen. Là il apprit que les Habitans de Munich se préparoient à une vigoureuse résistance. Qu'ils avoient muni les tours de leurs murs d'un bon nombre d'excellens Tireurs & de quelques petites piéces d'artillerie, qu'on leur avoit laissées pour célébrer la Fête-Dieu, & qu'ils avoient chargées à cartouches. Qu'ils avoient mis des gardes aux deux ponts de l'Iser, & quatre piéces de canon sur une tour à côté d'un des ponts, lesquelles étoient si bien servies, qu'aucun Hussar n'osoit en approcher, de peur d'être à l'instant criblé de coups.

Tout cela n'empêcha pas le Général Berenklau de suivre sa pointe, & de s'approcher de l'Iser. Dès que son Avant-garde parut, les Bavarois abandonnérent leurs ponts après les avoir ruinés. En même tems leurs Tireurs commencérent à faire feu sur tout ce qui paroissoit de l'autre côté de la Riviére, & le canon de leurs tours se fit entendre. Il y eut quelques hommes de tués du côté des Autrichiens. Toutefois ils ne laissérent pas de faire agir leurs Grenadiers & leurs Charpentiers

pour

pour rétablir les ponts, ce qu'ils exécutérent nonobſtant le feu des Bourgeois & des Tireurs. Dès que cela fut fait, les troupes de la Reine paſſérent la Riviére, & ſe poſtérent ſur l'autre bord de l'Iſer. On commença à cannoner une des portes de la Ville, pendant que d'un autre côté les Hongrois escaladoient les murailles du jardin de l'Electeur.

Les Bourgeois ſe voyant ſur le point d'être pris d'aſſaut s'adoucirent, & firent bien ; mais ils euſſent encore mieux fait de ne pas s'attirer cette fâcheuſe affaire. Quoi qu'il en ſoit, ils arborérent le Drapeau blanc, & demandérent à capituler. On leur pardonna aux conditions ſuivantes.

CAPITULATION *de la Ville de* MUNICH, *conclue le 6. Mai* 1742.

„ I. On remettra à Mr. le Lieutenant Feld-
„ Maréchal Baron de Berenklau cette Capi-
„ tale & Réſidence de Munich, & on livre-
„ ra entre les mains de Son Excellence toutes
„ les armes, ainſi que les canons, poudre &
„ plomb qui ſe trouveront dans la Ville, à
„ l'exception que les armes appartenantes à
„ la Nobleſſe feront ſimplement conſignées à
„ Son Excellence, pour être dépoſées en un
„ lieu tiers ; & que les cuiraſſes antiques &
„ autres attirails de guerre de même nature
„ qui ſe trouvent dans l'Arſenal de la Ville &
„ ſervent plutôt d'ornement qu'à l'uſage de
„ la guerre du tems préſent, feront exceptés
„ de cette extradition.

„ II. La Ville & tous les endroits ſitués
„ dans

„ dans la Banlieue, de-même que la Réfiden-
„ ce du Souverain & les Maifons de plaifan-
„ ce, quelque nom qu'elles ayent, feront
„ confervés en leur entier & préfervés du
„ pillage. Il ne fera fait aucun tort ni vio-
„ lence à qui que ce foit dans cette Ville,
„ ni dans les lieux en dépendans, & il ne
„ fera mis aucun empêchement à l'entrée des
„ vivres en cette Capitale.

„ III. On confervera à cette Ville, aux E-
„ tats, aux Cloîtres, Eglifes & Fondations
„ leurs anciens priviléges & immunités, fans
„ les y troubler ou molefter directement ni
„ indirectement.

„ IV. D'autant qu'il eft de notoriété publi-
„ que, que cette Ville & Communauté font
„ entiérement épuifées, Mrs. les Généraux
„ voudront bien les exemter à l'avenir de
„ Contributions de toute efpéce & autres
„ telles impofitions ultérieures; ne rien exi-
„ ger des Eglifes, ni affujettir les Maifons
„ des Particuliers à aucune vifite.

„ V. La Réfidence Electorale, l'Hôtel des
„ Etats & la Chambre des Finances, les Braf-
„ feries, les Salines, tout ce qui en dépend &
„ qui concerne le Commerce, comme auffi
„ l'Hôtel - de - Ville & du Confeil, & Braffe-
„ ries banales, les Ecuries de la Cour & les
„ Chevaux qui fe trouvent avec toutes leurs
„ appartenances, feront confervés *in ftatu quo*,
„ fans qu'il y foit touché.

„ VI. Mr. le Lieutenant Feld - Marechal
„ fera fon poffible par fes remontrances auprès
„ de fes Principaux, pour que les chevaux
„ d'attelage, les chariots & les valets, que
„ l'on

,, l'on a donnés pour tranfporter les bagages
,, de la Garnifon à Wafferbourg, retournent
,, fans aucun empêchement.

,, VII. On ne donnera aucune affiftance
,, aux Déferteurs, au - contraire on livrera
,, fans délai tous ceux qui feront dans cette
,, Ville.

,, VIII. Les Tireurs & les Chaffeurs qui
,, fe font attroupés dans cette émeute, pren-
,, dront les armes, & s'obligeront par fer-
,, ment à ne fervir en aucune maniére contre
,, la Reine ni contre fes Troupes ; & s'il s'eft
,, trouvé parmi eux quelques Chaffeurs du
,, Souverain ou de la Nobleffe, ils feront pa-
,, reillement tenus de livrer leurs armes,
,, mais on les leur rendra pour les ufages
,, néceffaires.

,, IX. Pour ce qui regarde la Chaffe du
,, Souverain, on fe conformera à la précéden-
,, te Capitulation.

,, X. Sous quelque prétexte que ce foit il
,, ne fera fait aucune recherche par rapport
,, à la réfolution où la Bourgeoifie s'eft por-
,, tée de défendre la Ville, & perfonne ne fe-
,, ra molefté à cet égard ; mais on fera tenu
,, de demander pardon de tout ce qui s'eft
,, paffé à Son Excellence Mr. le Feld-Maré-
,, chal.

,, XI. On fournira les quartiers & les lo-
,, gemens aux Généraux & aux hauts Offi-
,, ciers comme ci - devant, & on prendra
,, des mefures pour que les Maifons des Gen-
,, tilshommes foient exemtes, à-moins que
,, ce ne fût dans la derniére néceffité.

,, XII. Les fimples Soldats auront leurs

,, quar-

„ quartiers & leurs logemens dans les Cafer-
„ nes de la Ville.

„ XIII. Mr. le Lieutenant Feld-Maréchal
„ ne trouvera pas mauvais que l'on donne
„ avis de tout ceci à qui il appartiendra,
„ foit par Eftaféte ou par Courier, pourvu
„ qu'on le lui ait d'abord préalablement com-
„ muniqué, & les paffeports requis pour cet
„ effet feront auffitôt expédiés.

„ XIV. On s'engage à fe conformer de part
„ & d'autre à la précédente Capitulation, pour
„ autant que les Articles en feront avanta-
„ geux à l'une & à l'autre des Parties Contrac-
„ tantes, & pour plus grande confirmation de
„ la préfente Capitulation nous l'avons fi-
„ gnée, &c.

Cette reprife de Munich ne couta qu'environ quarante hommes aux Autrichiens. Ils
n'en auroient pas été quites à fi bon marché,
s'ils euffent eu affaire à des troupes réglées.
Mais que peut-on efpérer d'une vaine populace, que beaucoup de paroles & peu de be-
fogne? Ces Bourgeois & ces Chaffeurs qui
avoient témoigné tant de réfolution, lorfque
l'Ennemi abandonnoit la Ville & fuyoit en
quelque forte, manquérent de cœur dès qu'ils
le virent revenir, ou du-moins ne foutinrent
que très-foiblement une entreprife qu'ils a-
voient formée un peu trop vite, & apparemment fans réflexion.

Berenklau laiffa de l'Infanterie & de la Cavalerie dans Munich. La premiére fut logée
dans les Cafernes, l'autre chez le Bourgeois.
On n'impofa point de nouvelle contribution à

la Ville ; mais en revanche, on obligea le Peuple à se cottiser pour fournir quinze soux par jour à chaque Soldat de la Garnison, moyennant quoi on fut exemt de toute autre exaction dans Munich ; mais les habitans de la Campagne ne cessérent pas pour cela d'être pillés & saccagés par les Pandoures, Croates, &c.

Le Comte de Kevenhuller ne jugea pas à propos de conserver Kelheim. Cette Place étoit trop exposée, étant située du côté par où les François venoient le long du Danube, tandis que le Général Autrichien étoit à l'autre côté de ce fleuve. Il l'abandonna donc avec quelques autres moindres postes de ce côté-là, & se fixa à se maintenir dans l'autre partie de la Baviére séparée par le Danube de celle par où les François venoient & où les Impériaux étoient déjà ; & en même tems il donna son attention à couvrir la Haute - Autriche. Dans cette vue il s'éloigna un peu plus de l'Iser qu'il avoit devant lui, & se raprocha de Passau. Il posta sa droite à Pleinting près du Danube, & étendit sa gauche jusqu'à Osterhoffen, faisant de tous côtés face à ce fleuve, couvrant en même tems Munich qu'il avoit à seize ou dix - huit lieues derriére lui, & conservant la communication avec le Tirol & toute la partie méridionale de la Baviére, où il continuoit à lever des contributions. Pour mieux mettre Passau à couvert de toute insulte, il avoit laissé un Corps de *Barbares* (je me sers de ce nom pour abréger, n'y ayant rien de si ennuyeux que cette longue litanie de Troupes Hongroises, dont les noms n'ont point de fin,

& font fi difficiles à prononcer) il avoit laiffé,
dis-je, un Corps de Barbares fous le Général
Helffreich de l'autre côté du Danube, & un
pont qu'il avoit fur ce fleuve favorifoit la communication de ce Corps avec fon Armée. Pour
plus grande fûreté, il avoit laiffé une petite
Garnifon à Deckendorff, & une autre dans le
château de Hilgersberg ou Hilkersberg.

L'Armée Impériale fous le Comte de Thöring étoit campée à Platling, & le Duc d'Harcourt étoit arrivé avec fix mille François à
Nieder-Altach, où le refte de fes troupes ne
tarda pas à fe joindre. Thöring s'empara de
Deckendorff fans beaucoup de peine ; c'eft
une petite Ville fans défenfe. Les François
vinrent s'y pofter & fe retranchérent fous le
château de Graffenau, en attendant le refte
de leurs troupes, qui marchoient à grandes
journées de Donawerth, où elles s'étoient un
peu repofées.

Ceux qui favent les affreux démêlés qu'il
y eut autrefois entre la Maifon de Lorraine
& celle de Bourbon, trouveront peut-être
étrange que la Cour de France eût donné à
un Prince Lorrain le commandement d'une
Armée deftinée à agir contre l'augufte Epoufe
du Chef de cette Maifon ; & cet étonnement
ne feroit peut-être pas mal fondé, car enfin le
Duc d'Harcourt defcend de ces Princes Lor-
rains, qui étant venus chercher fortune en
France, dépouillérent Henri III. & voulurent
donner l'exclufion à Henri IV. pour fe faire
Rois eux-mêmes. Mais la conduite des An-
cêtres n'influe point fur leurs Defcendans, qui
font d'autant plus obligés à bien faire, qu'ils
ont,

ont, outre le devoir de leur Charge, d'anciens préjugés & des impreſſions peu favorables à détruire.

Le 27. de Mai, lé Comte de Thöring ſe rendit au quartier du Duc d'Harcourt, pour s'aboucher avec ce Prince. Après une conférence aſſez longue, il fur réſolu qu'on tâcheroit de ſurprendre Paſſau, pour couper au Comte de Kevenhuller la communication avec la Haute-Autriche : mais auparavant on jugea à propos d'aller reconnoître le château d'Hilgersberg, & le Corps que commandoit le Général Helffreich.

Quinze Compagnies de Grenadiers, trois cens Dragons, tous les Piquets des Troupes Françoiſes, & environ deux cens Cuiraſſiers Bavarois, furent commandés pour le lendemain. Les deux Généraux ſe mirent à la tête de ce Détachement, & partirent le 28. à la petite pointe du jour. On marcha jusqu'à une heure après midi, & l'on fit trois lieues d'Allemagne. Les troupes étoient fatiguées, elles n'avoient encore ni mangé ni bu.

Cependant on découvrit un petit corps de Pandoures d'environ mille hommes, qui ne ſe ſentant pas aſſez forts mirent le feu à leur camp & ſe ſauvérent. On continua à avancer par des défilés & des bois remplis de ravines. On découvroit déjà le château d'Hilgersberg bâti ſur une hauteur, lorsqu'on vit paroître les Pandoures, ſoutenus d'un gros de Huſſars, de Croates, de Waradins, de Maroches, & de Carlſtadtiens, qui commencérent à venir eſcarmoucher dans ces lieux fourrés où les troupes ennemies n'avoient pas beau jeu. Accoutu-

mécs

mées à des mouvemens concertés & à suivre les régles de l'Art, elles ne pouvoient manœuvrer dans un terrain marécageux & plein d'arbres; pendant que les Barbares se portoient par-tout, tant ceux de cheval que de pied, & tomboient brusquement tantôt en tête, tantôt en flanc, faisant des décharges continuelles.

On tâchoit de leur répondre, mais ils étoient hors de portée avant qu'on se fût tourné pour faire feu sur eux.

Le Duc d'Harcourt vit bien que ses troupes alloient être écrasées, pour peu qu'on tardât à faire retraite. Le Général Impérial en jugea de-même; & l'on se retira avec perte d'une centaine d'hommes morts, blessés ou prisonniers. Du nombre de ces derniers se trouva le Prince de Lillebonne, Neveu du Duc d'Harcourt, qui fut renvoyé peu de jours après, & qui faillit à être assommé par les Croates qui se disputoient sa dépouille.

La retraite parut si nécessaire qu'on ne jugea pas à propos de s'arrêter pour sauver une petite piéce de canon, dont l'attelage s'étoit embourbé.

Les deux Généraux perdirent l'envie de rien tenter davantage. Le Duc d'Harcourt ne s'apliqua qu'à amasser des vivres, & à former des magazins pour la subsistance de ses troupes; & le Maréchal de Thöring à se maintenir dans les postes qu'il occupoit le long du Danube.

Pendant que ces choses se passoient en Baviére, le Maréchal de Broglio passoit la Watta & s'approchoit de Prague, tandis que les Prussiens s'en retournoient chez eux, & que les
Saxons

Saxons évacuoient entiérement tous les postes qu'ils avoient occupés en Bohême.

Le Prince Charles de son côté, après avoir donné quelque repos à son Armée, prenoit la route de Prague. Il arriva le 27. de Juin à Königsaal entre la Watta & la Moldau. Le Grand-Duc étoit parti de Vienne quelques jours auparavant, pour se rendre à l'Armée, où il arriva le même jour 27.

L'Armée Autrichienne n'avoit que peu d'Artillerie, il falut attendre celle qui venoit de Vienne, & qui ne tarda pas à arriver au Camp, du-moins en partie. Durant ce tems-là, l'Armée Françoise s'étoit postée sur le Weissemberg, lieu fameux par la défaite des troupes de l'Electeur Palatin élu Roi de Bohême. Dès qu'une partie de l'Artillerie fut arrivée, le Prince Charles & le Grand-Duc allérent reconnoître le camp des François sous une grosse escorte ; & montérent sur les hauteurs pour reconnoître la Ville de Prague même, où les François travailloient nuit & jour à de nouvelles fortifications. Au retour des deux Princes, l'Armée se mit en marche, & ayant passé la Watta, elle vint se poster à la hauteur de Ginowitz à une petite lieue de Prague. Sur l'avis de ce mouvement le Maréchal de Broglio abandonna le Weissemberg, & se rapprocha de Prague, du côté de la Vénérie.

Il ne pouvoit choisir un poste plus avantageux. La Moldau, après avoir traversé Prague du Midi au Septentrion, se tourne vers l'Orient, puis vers l'Occident, desorte qu'elle fait un coude d'une petite lieue de long sur

un

un quart de lieue de large. Dans cet efpace on voit la Vénérie, & trois ou quatre Villages. L'Armée Françoife occupoit tout l'intérieur de cet efpace, & devant elle elle avoit un retranchement dont la gauche aboutiffoit au petit côté de Prague, & la droite à une hauteur qui s'étendoit jufqu'au bord de la Riviére. On avoit élevé fur cette hauteur une batterie de deux piéces de canon, & tout le front du retranchement étoit défendu par une nombreufe Artillerie. Les trois principales Iles que la Moldau forme du côté de la nouvelle ville étoient occupées, la premiére par le Régiment d'Appelgrün, la feconde par ceux de Breffe & de la Rochechouart, & la troifiéme par les Huffars. Pour plus grande fûreté on avoit pofté hors du rétranchement les Carabiniers, les Dragons & les Brigades d'Infanterie d'Auvergne, de la Reine & d'Orléans, derriére une hauteur qui commandoit la plaine, & fur laquelle on avoit élevé une batterie de dix canons. Dans l'efpace entre cette hauteur & le foffé de la Ville, on avoit fait encore un petit retranchement paliffadé avec un foffé & un parapet. Toutes les hauteurs qui commandent le petit côté, étoient occupées par des détachemens des Troupes Françoifes, retranchés & munis d'artillerie. Enfin la Ville de Prague elle-même avoit été environnée de bonnes paliffades. On avoit miné les ouvrages, & fortifié le château de Wischerad. Tout cela étoit à merveilles, mais ne rémédioit pas aux grands inconvéniens qu'il y avoit à défendre une telle Place. Le premier & le plus grand étoit la famine, inévitable dans une Ville qui contient

tient près de cent milles ames. Comment faire subsister une si grande multitude? Il étoit visible que l'Armée qui campoit dehors, seroit dans peu obligée de se renfermer dans la Ville, ce qui ne pouvoit qu'y augmenter la disette. Toute communication étoit coupée. Il ne faloit pas songer de pouvoir tirer aucune provision du dehors, la chose étoit impossible. Le second inconvénient résultoit de la situation même de la Place. Commandée de tous côtés, il y avoit à parier qu'en quatre jours l'Artillerie des Autrichiens réduiroit en poudre toutes les défenses, démonteroit toutes les batteries des Assiégés, & qu'il ne seroit pas possible de se couvrir contre les bombes, quelques précautions qu'on eût prises, ou qu'on pût prendre pour cela. Enfin le troisiéme inconvénient étoit la difficulté de contenir la Populace & les Etudians. En effet presque tous les Habitans de Prague, à la réserve d'un fort petit nombre, avoient le cœur Autrichien, & étoient mécontens de l'Empereur. La nécessité avoit obligé ce Monarque à leur demander certaines sommes qu'ils eussent bien voulu se dispenser de fournir; & quelque satisfaits qu'ils fussent de la discipline des Troupes Françoises, ils ne laissoient pas de souhaiter d'en être délivrés pour voir la fin d'une guerre qui les ruinoit, sans qu'ils y eussent aucun intérêt. Toutes ces raisons ne laissoient aucun doute que la défense de Prague ne fût une chose impossible, & ne tournât à la honte des Troupes Françoises. Toute l'Europe en étoit persuadée; & dans l'idée que la France alloit être abattue, on vit paroître une infinité

de

de Libelles, soit contre elle, soit contre ses Généraux, soit contre ses troupes. J'ai vu un Livre Allemand, où l'on donne aux François les épithétes de *Serpens*, d'*Insectes*, &c. Certains Gazetiers payés par un certain Public pour le divertir par de plattes boufonneries, se donnoient carriére, & faisoient briller leur esprit aux dépens de la Nation Françoise. Ils annonçoient déjà d'avance de quelle maniére on traiteroit l'Armée Françoise qui étoit sous Prague. Les Soldats devoient être renvoyés un bâton blanc à la main, les Officiers menés en Hongrie les fers aux pieds & aux mains. On publioit à La Haye un Libelle sanglant contre Mr. de Bellile en particulier, pour préparer les esprits au traitement qu'on lui réservoit, & pour le disposer à ne pas regretter un homme qu'on regardoit comme perdu, & qu'on accusoit des crimes les plus atroces. On enveloppoit dans la même accusation tout le Ministére de Versailles, & toute la Nation Françoise en général, pour engager plusieurs Puissances à s'unir avec l'Angleterre & la Reine de Hongrie, afin d'abîmer une Nation dont l'ambition ne respectoit aucun Traité, & ne connoissoit point de crime qu'elle ne commît pour satisfaire cette même ambition. On auroit peine à se persuader que des Chrétiens ayent mis en usage des moyens de cette nature, inconnus aux Payens, pour jetter de la défiance, de la haine & de la jalousie, si ce n'étoit un fait connu de toute l'Europe, & si le Libelle n'étoit entre les mains d'une infinité de gens.

L'Angleterre triomphoit, elle se disposoit

à

à envoyer des troupes en Flandres pour attaquer la France de ce côté-là. Et pour engager les Etats-Genéraux à joindre leurs forces aux fiennes, elle les flattoit par des conquêtes imaginaires, mais dont elle leur faifoit voir la facilité. *La France*, difoit Mylord Stairs aux Etats, *ne fauroit faire aucune réfiftance capable de nous arrêter. Ses vieilles troupes font perdues fans reffource. Le peu qui lui en refte, ne fuffit pas pour garder une partie de fes Forterefles ; & tandis que fes vieux Régimens font enfermés dans Prague, fes Milices pourront-elles nous arrêter ?* Ces raifons n'ayant fait que peu d'impreffion fur ces fages Républicains, le Miniftre Anglois changea de batterie, & fans fe foucier de tomber dans des contradictions qui fautoient aux yeux des plus fimples, il voulut infpirer de la crainte aux Etats, & les animer par ce nouveau motif à attaquer une Puiffance formidable qui les engloutiroit tôt ou tard, quoique quatre jours auparavant elle ne fût pas en état de faire une *réfiftance raifonnable.*

Les Etats n'eurent garde de donner dans des projets auffi peu liés que les motifs fur lefquels on les bâtiffoit. Souvent on gâte tout par trop de zéle & trop de vivacité. On fe rend fufpect à ceux qu'on veut perfuader. Si les Miniftres Anglois s'en étoient tenus aux raifons plaufibles qui pouvoient engager les Etats à fecourir efficacement la Reine de Hongrie, ils n'auroient pas donné fi beau jeu à l'Ambaffadeur de France, qui les poufla d'une terrible maniére dans le Mémoire qu'il préfenta fur ce fujet aux Etats. Mais ces Meffieurs

ne

ne croyoient pas que jamais la France pût se relever du coup qu'on lui préparoit en Bohême, & peut-être la joye de ces heureux succès leur faisoit moins mesurer leurs expressions. Quoi qu'il en soit, il est toujours certain qu'il n'y avoit pas d'apparence que l'Armée Françoise pût éviter la nécessité de passer par toutes les conditions qu'on voudroit lui imposer, & un grand Prince écrivant à un célébre Poëte, ne fait pas difficulté de dire, que *si le Maréchal de Broglio se tiroit de ce pas-là, il méritoit bien une Ode de sa façon.*

La France avoit à-la-vérité une Armée sous le Maréchal de Maillebois; mais elle étoit si éloignée de la Bohême, qu'il n'y avoit aucune apparence qu'elle pût arriver assez à tems pour délivrer les troupes enfermées dans Prague; sans compter qu'une pareille marche livroit les Bays-Bas François à la discrétion des Anglois & des Autrichiens, renforcés des Hessois & des Hannovriens. On verra dans la suite, que la Cour de France fut pourtant réduite à cette nécessité, sans pouvoir toutefois délivrer l'Armée renfermée dans Prague, laquelle ne dut son salut qu'à sa fermeté, à sa valeur, & à l'habileté de Mr. de Bellile.

Le Prince Charles avoit, comme on vient de le voir, toutes les facilités du monde pour réduire Prague. La faim, la disette des munitions de guerre, & mille autres incommodités combattoient pour lui. Il n'avoit à craindre aucune diversion en faveur des François. Ils se trouvoient seuls, dans un Pays dont ils n'entendoient pas le langage, à deux cens lieues de chez eux, abandonnés de leurs Alliés,

liés, environnés d'Ennemis de tous les côtés, & au milieu d'un Peuple qui naturellement leur devoit être suspect par l'attachement qu'on a pour la domination sous laquelle on est né. Ils manquoient, pour ainsi dire, de tout. Leurs équipages pris & pillés, les Officiers & les Soldats n'avoient ni linge, ni argent ; pendant que tout abondoit dans le camp des Autrichiens, & que leurs Soldats se paroient des dépouilles de l'Ennemi.

La Reine n'ayant plus à se défendre contre les Prussiens, avoit tiré de la Silésie toutes les troupes qu'elle y avoit, & les envoyoit grossir l'Armée du Prince Charles. Le Général Festititz s'avançoit avec seize à dix-huit mille hommes de Troupes Hongroises, parmi lesquels étoit un Corps tout composé de jeunes Gentilshommes volontaires qui ne respiroient que le combat. Qui auroit cru qu'avec des avantages si marqués, les Autrichiens n'eussent pas pu prendre Prague ; & que les Troupes qui défendoient cette bicoque, & contre qui tout sembloit conspirer, eussent trouvé dans leur courage des ressources capables de balancer les avantages qu'un concours de mille circonstances favorables donnoit à leurs Ennemis ? En-vérité je ne m'étonne plus qu'on se ligue contre une Puissance qui commande à de pareils hommes.

Ce ne sont point ici des avantures forgées à plaisir, & qui ayent besoin des graces de l'éloquence pour se soutenir. Ce sont des faits certains, dont toute l'Europe a été témoin. Un récit simple, joint au témoignage

de

de tous les Ecrivains de ce tems, fuffit pour les rendre croyables.

Le Général Feftititz étant arrivé fur les bords de la Moldau, le Prince Charles s'avança près du *Weiffemberg*, où il pofta fa gauche, & étendit fa droite jufqu'à la riviére, enfermant ainfi tout le petit côté de Prague, tandis que Feftititz inveftiffoit cette Place du côté de la nouvelle ville. On établit des ponts de communication entre le Corps de ce Général & l'Armée du Prince Charles.

La Cour de France ayant confidéré les risques que couroient les troupes qui étoient dedans & fous Prague, avoit envoyé des pleins-pouvoirs aux deux Maréchaux pour traiter d'un racommodement à l'égard de la Bohême, & afin qu'ils puffent fe retirer de ce Pays de la maniére la plus honorable & la plus avantageufe qu'il feroit poffible. Le Maréchal de Bellile envoya un Trompette au Prince Charles, pour demander une conférence avec Son Alteffe Séréniffime ou avec le Comte de Königfeg.

Le Prince lui fit dire que Mr. de Königfeg fe rendroit le 2. de Juillet avec une efcorte de deux Compagnies de Carabiniers & une de Grenadiers, au château de Kormorzan, à un petit mille de Prague, & qu'il pourroit de fon côté y venir avec une pareille efcorte; qu'on écouteroit fes propofitions.

Le Comte de Königfeg fe rendit en effet au lieu marqué, accompagné du Prince Efterhafi, du jeune Comte de Königfeg, & du Général Philibert. Mr. de Bellile y arriva auffitôt, fuivi du Comte de Baviére Gouver-

neur

neur de Prague, & escorté par un pareil nombre de soldats.

Après les premiéres politesses, les deux Généraux entrérent en conférence. Le Maréchal déclara que quoique l'Armée Françoise fût dans une position à ne pouvoir être forcée, on vouloit néanmoins épargner à la Ville de Prague le risque d'être ruinée, ce qui ne manqueroit pas d'arriver, si elle étoit obligée de soutenir un siége. Qu'ainsi les Généraux François étoient prêts de la remettre aux troupes de Sa Majesté Hongroise, pourvu que l'Armée & la Garnison de Prague eût la liberté de se retirer où bon lui sembleroit avec ses armes, son artillerie, ses bagages, & tout ce qui pouvoit lui appartenir.

Le Comte de Königseg lui répondit que l'offre qu'il faisoit de remettre la Ville de Prague étoit sans-doute importante, mais qu'il étoit fâché de ne pouvoir pas l'accepter aux conditions proposées, vu que la Reine avoit ordonné expressément de ne recevoir les Troupes Françoises qui étoient en Bohême, que prisonniéres de guerre, & avoit défendu de leur accorder d'autre Capitulation. *Voilà Monsieur*, ajoûta le Général Autrichien, *tout ce que je puis vous accorder. Je croyois, Monsieur*, repliqua Mr. de Bellile, *rencontrer plus de facilité de votre part ; mais puisque vous ne voulez traiter que sur ce pied-là, je vois bien qu'il faudra que le sort des armes en décide. Vous pourriez épargner beaucoup de sang, & d'ailleurs vous savez que les événemens sont incertains, & que souvent on trouve dans son courage des reffources auxquelles on ne s'étoit point attendu.*

Le Comte de Königfeg repartit qu'il favoit tout cela, mais qu'il ne dépendoit pas de lui de changer les ordres de la Reine. Que cependant il ne manqueroit pas de faire favoir à Sa Majefté les propofitions qu'il venoit de faire, & que peut-être elle y auroit égard : Que d'abord que le Courier feroit de retour, il lui feroit favoir les intentions de la Reine, & qu'il pourroit enfuite prendre le parti qu'il jugeroit convenable. Après cette infructueufe conférence, on fe prépara de part & d'autre à faire les derniers efforts. Les Troupes Françoifes tant du Camp que de la Ville pouvoient monter à vingt-quatre ou vingt-cinq mille hommes, dont il faut décompter environ trois mille malades ou invalides. Malgré les recrues qu'on leur avoit envoyées, il s'en faloit bien que les Régimens ne fuffent complets. Cependant une Armée de vingt-deux mille hommes affiégée étoit une chofe presqu'inouïe, auffi jamais fiége n'a peut-être fait autant de bruit que celui-là. L'Armée du Prince Charles étoit de près de quarante mille hommes de troupes réglées, & de vingt-cinq à vingt-fix mille Barbares, y compris le Corps de Feftititz. Il n'en faloit pas moins pour bloquer une Ville comme Prague, & pour réduire vingt-deux mille hommes des meilleures troupes du monde à accepter des conditions auffi dures que celles qu'on leur offroit.

Les vivres commencérent dès le 1. de Juillet à devenir d'une cherté extraordinaire

dans

dans Prague. La viande de boucherie y coutoit déjà vingt-cinq à trente fous la livre. Une piéce de volaille affez maigre valoit dix-huit *Grofches*, c'eft à-peu-près un écu de trois livres. Les foldats avoient du ris & un peu de beurre pour faire de la foupe, mais cela ne dura pas longtems. Ces deux alimens manquérent en peu de jours, & le foldat fut réduit au pain & à l'eau, n'ayant pas même le premier en fort grande quantité. Tout cela n'étoit pas fort propre à fortifier des hommes déjà haraffés de fatigue, & qui outre la faim avoient encore à combattre le fommeil. Il faloit être nuit & jour fous les armes de peur de furprife, garder une infinité de poftes, & être continuellement aux prifes avec un Ennemi nombreux, frais, difpos, & à qui rien ne manquoit. D'une main il faloit travailler aux fortifications, & de l'autre combattre l'Ennemi. Nonobftant tout cela, le Prince Charles ne voulut jamais hazarder un combat pour forcer les retranchemens du Maréchal de Broglio, retranchemens au-refte qui n'avoient rien de formidable, que leur fituation & la valeur de ceux qui les défendoient ; car ils n'étoient au fond que l'ouvrage d'un ou deux jours.

Son Alteffe Séréniffime fe contenta d'empêcher l'entrée de toute forte de vivres ; & il faut avouer qu'elle y réuffit fi bien, qu'en peu de tems les malades & les bleffés fe trouvérent réduits au bouillon de vache avec la moitié de chair de cheval.

Le 18. de Juillet le refte de la groffe Artillerie qu'on attendoit de Vienne arriva au camp des Affiégeans, & deux jours après on

vit

vit arriver un nouveau Trompette de la part du Maréchal de Bellile, qui demandoit une nouvelle conférence. Le Feld-Maréchal de Königseg fit répondre qu'il avoit ordre de ne traiter que sur le même pied qu'auparavant; que cependant il alloit encore dépêcher un Courier à la Reine pour savoir sa derniére résolution. Ce Courier arriva en effet dès le 22. à Vienne avec les dépêches concernant la nouvelle conférence demandée par le Maréchal de Bellile. Quelques Ministres de la Reine étoient d'avis d'adoucir les Préliminaires de la Négociation, disant qu'il faloit faire un pont d'or à son Ennemi, & qu'il y avoit du risque à le pousser à bout. Mr. Vincent, Résident de France, sollicitoit fort la sortie libre des Troupes Françoises; & l'on prétend que la Reine étoit assez portée à l'accorder, contente de recouvrer à ce prix un Royaume dont la conquête ne pouvoit couter que beaucoup de tems, de monde & d'argent. Mais le Ministre d'Angleterre avoit des ordres tout contraires; & la Cour Britannique, fortement persuadée que l'Armée Françoise ne pouvoit échapper, l'avoit chargé de traverser de tout son pouvoir une négociation qui tendoit à accorder la retraite des François. La Reine, pour se délivrer de toutes ces sollicitations, déclara à Mr. Vincent que tout ce qui lui venoit de la part de sa Cour *lui étoit suspect*, & que si le Cardinal de Fleuri avoit quelque chose à proposer à l'égard des affaires de Bohême, il n'avoit qu'à s'adresser à ses fidéles Alliés; qu'elle ne vouloit rien faire que de concert avec eux.

Elle

Elle s'expliqua avec encore plus de mépris à l'égard de Mr. de Bellile, & dit en plein Conseil qu'il ne pouvoit rien lui proposer qui ne lui fût desagréable : que c'étoit un Homme qui avoit surpris la religion de plusieurs Princes d'Allemagne pour les armer contre elle, *& qui avoit voulu bruler la Ville de Luxembourg par le plus affreux de tous les complots ; qu'ainsi tout ce qui lui venoit de sa part ne pouvoit que lui être odieux.*

Le Courier fut renvoyé au Comte de Königseg avec des ordres pareils aux premiers. Ce Général fit savoir au Maréchal de Bellile, que la Reine ne vouloit rien changer à sa premiére résolution ; & qu'avant que d'entamer une nouvelle Conférence, il devoit se résoudre à poser pour préliminaire de se rendre lui, la Garnison de Prague , Mr. de Broglio & son Armée prisonniers de guerre. Mr. de Bellile lui répondit, qu'il connoissoit bien peu les Troupes Françoises, s'il les croyoit capables d'accepter de pareilles conditions ; qu'elles périroient plutôt toutes que d'y souscrire, & qu'elles lui feroient voir qu'elles savoient se procurer la justice qu'on refusoit de leur rendre. Que ceux qui les soupçonnoient de penser à accepter de telles propositions, apprendroient peut-être à leurs dépens à juger favorablement de leur courage.

Le sort des Habitans de Prague étoit cependant bien à plaindre, puisque sans avoir aucun intérêt à ce Différend, ils en souffroient les plus grandes incommodités. Outre les contributions qu'ils étoient obligés de payer en argent, on venoit de leur ôter tout le vin qu'ils avoient dans leur cave. Les Magiftrats avoient affez de grain dans leurs magazins pour empêcher cette multitude de mourir de faim, mais ils n'en avoient pas fuffifamment pour la raffafier. Déjà les Bourgeois médiocres étoient réduits au pain & à l'eau; déjà les plus aifés achetoient au poids de l'or quelque peu de mauvaife viande. Tout cela joint à leur panchant naturel pour la Reine de Hongrie, fit craindre aux Généraux François quelque rebellion. Pour la prévenir, ils firent defarmer tous les Habitans, & publier la Déclaration fuivante.

,, 1. On fait défenfe à tous les Habitans de
,, Prague, de quelque condition & qualité
,, qu'ils puiffent être, de cacher chez eux des
,, armes de quelque efpéce, & fous quelque
,, prétexte que ce puiffe être, particuliérement
,, celles qui pourroient appartenir à l'Enne-
,, mi; & s'il fe trouve quelqu'un qui en ait,
,, il viendra les déclarer inceffamment, s'il
,, ne veut encourir la peine portée ci-deffus.

,, 2. Il eft ordonné à tous Propriétaires ou
,, Locataires de maifons, & généralement à
,, tous les Habitans, de mettre une lampe ou
,, une chandelle à une des fenêtres de leur lo-
,, gis, dès qu'ils entendront battre la Généra-
,, le: & auffitôt que cette lumiére aura été
,, mife fur la fenêtre, perfonne ne pourra for-
,, tir de chez foi, ni regarder dans la rue, fur
,, peine d'être fufillé fur le champ. Il fera
,, encore moins permis de crier, ni de donner
,, aucun fignal foit avec des cloches, ou de
,, quelqu'autre maniére que ce puiffe être,
,, fous la même peine portée ci-deffus. Ceux
,, qui,

,, qui, après la Générale, feront trouvés dans
,, les rues ou regardant par les fenêtres feront
,, tués fur la place, & les Soldats feront feu
,, fur eux, fans avoir égard, ni au fexe, ni à
,, l'âge, ni à la qualité.

,, 3. Le foir, dès que la Retraite battra,
,, tous les Habitans fe retireront chez eux, &
,, n'en fortiront que le lendemain lorfqu'ils
,, entendront battre la Diane.

,, 4. Chaque Bourgeois fournira fans délai
,, tout ce qui lui fera demandé pour le Servi-
,, ce de l'Empereur. Ceux qui différeront de
,, le faire, feront punis felon l'exigence du cas.

,, 5. Ceux des Habitans qui feront com-
,, mandés pour le travail des fortifications, y
,, marcheront de gré ou de force, moyennant
,, le prix qui fera réglé ci-après.

,, 6. Il eft défendu, fur peine de la vie, de
,, cacher dans les maifons, des Soldats, Cava-
,, liers, ou Dragons François ou Impériaux,
,, & de les recevoir chez foi, excepté ceux
,, qui ne devant pas camper auront des billets
,, de logement.

,, 7. Les Cabaretiers, Brandeviniers, Ven-
,, deurs de biére, & généralement tous ceux
,, qui donnent à boire ou à manger, ne pour-
,, ront rien vendre aux Soldats dès que la Re-
,, traite aura battu, fous peine de punition
,, corporelle; & ceux qui feront convaincus
,, d'avoir contrevenu à cette défenfe, feront
,, punis fans avoir égard aux prétextes qu'ils
,, pourroient alléguer. Que s'il fe trouvoit
,, quelque Soldat mutin, qui voulût, après la
,, Retraite, forcer le Cabaretier à lui vendre
,, du brandevin ou autre chofe, celui-ci ira

L 2

,, appeller

,, appeller la Garde la plus proche, qui se saisira
,, du Soldat, & l'arrêtera jusqu'à nouvel ordre.

,, 8. Il est pareillement défendu aux Habi-
,, tans, sur peine de la vie, de loger ou de
,, retirer aucun Etranger chez eux sous quel-
,, que prétexte que ce soit, à-moins qu'ils n'en
,, ayent une permission signée de Mr. de Che-
,, vert Lieutenant-de-Roi de la Place.

,, 9. On fait encore très-expresses inhibi-
,, tions & défenses, sur peine de la vie, de s'as-
,, sembler pour quoi que ce puisse être, sans
,, en avoir préalablement une permission si-
,, gnée de la main dudit Lieutenant-de-Roi.

,, En revanche, & moyennant une exacte
,, observation des points ci-dessus, Messieurs
,, les Généraux promettent aux Bourgeois de
,, les maintenir dans la possession libre de leurs
,, maisons, meubles, biens, & généralement
,, de tout ce qui peut leur appartenir ; de ne
,, rien négliger pour la sûreté de leur person-
,, ne : de les défendre & protéger en tout ce
,, qui sera de leur pouvoir, & selon le droit
,, & l'équité.

Il étoit à propos de donner de pareils ordres pour contenir le Peuple de Prague, naturellement belliqueux & porté à la révolte :
mais si l'on prévint par-là les émeutes & les
rebellions intérieures, on ne put empêcher la
correspondance que plusieurs Habitans avoient
avec l'Ennemi, à qui ils donnoient avis de tous
les mouvemens que les François faisoient, &
de tout ce qu'ils pouvoient pénétrer de leurs
desseins, ce qui rompoit souvent les mesures
des Assiégés, & qui auroit dû les faire périr
s'ils

ls'ils avoient été capables de se décourager à
a vue de tant d'obstacles & de contretems.
Dès que les François se remuoient, il s'échap-
poit quelqu'un de la Ville pour en donner avis
aux Assiégeans. Plusieurs leur avoient porté des
plans & des descriptions exactes de tous leurs
postes, & de la situation des lieux qu'ils occupoient : l'état des troupes qu'ils y avoient,
& mille autres rélations très-propres à faciliter le succès d'un Siége & à faire avorter les
plus beaux projets de défense.

Ce ne fut que le 27. & le 28. de Juillet
que l'Armée Autrichienne changea de situation, & se porta le plus près de Prague qu'il
fut possible. Cette Ville fut investie de tous
les côtés, de-même que le camp des François,
par les troupes qu'on posta à Troja, Libben,
&c. Desorte que l'Armée d'Autriche formoit
un cercle coupé par la Moldau, & au milieu
duquel étoit Prague & le camp des François. La Cavalerie de ceux-ci ne recevant que
peu de subsistance des magazins de la Ville,
le Maréchal de Broglio ordonna le 27. un
fourage en-delà de la Moldau; ou plutôt il
l'accorda aux instances des Officiers qui le lui
avoient demandé. Les Autrichiens, bien informés du dessein des François, les attendirent
derriére des bois & des rideaux qui les couvroient, dans un endroit nommé Bruka, pas
loin de Rostok. A peine les Cavaliers François avoient mis pied à terre, que les Autrichiens parurent. Ils tuérent d'abord les plus
avancés; le reste remonta au plus vite à cheval & s'enfuit à toutes jambes, fort heureux
de n'avoir pas été entiérement défaits, vu

 l'inél'inégalité du nombre, & le defordre où ils étoient lorfqu'ils furent attaqués. Les Autrichiens ne les pourfuivirent pas bien loin; le canon de la Place ayant commencé à gronder fur eux, favorifa la retraite de la Cavalerie Françoife.

Le Maréchal de Broglio piqué de cet échec, qui au fond n'étoit pas grand' chofe, réfolut d'avoir fa revanche. Le Général Feftititz refferroit Prague du côté de la nouvelle Ville, & ce fut lui que Mr. de Broglio fit deffein d'attaquer. Dès le 28. au matin, il fit défiler de ce côté-là quatre mille hommes, favoir fept Régimens de Cavalerie & deux Bataillons d'Infanterie fort incomplets. Le Général Feftititz l'attendoit avec plus de douze mille Hongrois. Les François furent un peu étonnés de le trouver en bataille; néanmoins ils l'attaquérent avec tant d'impétuofité, que la Cavalerie de leur gauche rompit la droite des Hongrois, où étoient les Nobles dont j'ai parlé. Ceux-ci ayant reçu auffitôt un renfort de leur gauche revinrent à la charge, & regagnérent le terrain qu'ils avoient perdu. Le combat s'opiniâtra & dura près de cinq heures, fans qu'on pût décider de quel côté feroit l'avantage. Les François avoient avec eux quelques piéces de campagne, dont le feu joint à celui des deux Bataillons incommodoit beaucoup les Hongrois; mais ceux-ci étoient fi fupérieurs en nombre, ayant même été renforcés pendant le combat par des troupes réglées que commandoit le Général Bathiani, qu'ils ne purent être forcés; & l'Ennemi fut obligé de fe retirer par la néceffité qu'il y a

de

de rentrer dans des Lignes ou dans une Place d'où l'on a fait une sortie, dès qu'on a exécuté ce qu'on a eu deffein de faire, ou que l'on voit de l'impoffibilité à l'exécuter. La retraite fe fit dans le meilleur ordre du monde, après cinq heures d'un combat opiniâtre. La perte fut à peu près égale, à la referve qu'il y eut plus de bleffés du côté des Autrichiens, & que le Général Cziracky qui commandoit les *Infurgens*, fut tué avec quelques autres Officiers de rang. Du côté des François le Comte de Clermont-Tonnerre, Meftre-de-Camp-Général de la Cavalerie, fut bleffé dangereufement. Le Comte de Grammont Colonel d'un Régiment de Cavalerie ayant eu fon cheval tué fous lui, un Huffar lui porta un coup de fabre à la tête, que le Comte para avec la main, dont il eut trois doigts coupés. Il fut fait prifonnier & mené dans cet état au camp du Prince Charles, qui l'envoya à Prague fur fa parole, pour s'y faire panfer.

Ces efcarmouches continuérent jufqu'au 9. du mois d'Août, jour auquel les batteries des Autrichiens fe trouvérent prêtes à tirer. Ils avoient pointé une de dix piéces, & de quatre mortiers contre la hauteur avancée hors du camp où étoient les Brigades dont j'ai parlé, qui ne pouvant foutenir un feu fi vif furent obligées d'abandonner leur pofte & de fe retirer dans le chemin couvert. Soit que le Prince Charles ménageât fon Infanterie, dont à-la-vérité il n'avoit pas de refte pour une entreprife telle que le Siége de Prague, foit qu'il crût qu'il n'avoit pas befoin de tant preffer des gens qui fe rendroient bientôt

d'eux-

d'eux-mêmes, il est certain qu'il ne fit point
attaquer les postes avancés que les François
avoient sur les hauteurs qui commandoient
leur camp & la Ville, & qu'il ne se servit
que de ses bombes & de ses canons pour les
leur faire abandonner. En quoi il réussit,
quoiqu'un peu plus lentement. Il est même
à propos de remarquer un fait très-certain, &
dont tous ceux qui ont vu le Siége de Prague
ont été témoins, c'est que les Autrichiens ne
sont jamais allé chercher les François pour se
battre avec eux; mais que ceux-ci sont toujours venus les attaquer, pendant que ceux-là
se bornoient à les affamer & à les désoler par
le feu de leurs batteries.

Les Autrichiens s'étant rendus maîtres de
toutes les hauteurs qui faisoient le pourtour
du camp des François & qui le dominoient, y
élevérent des batteries de mortiers & de canons, qui ruinérent les retranchemens, & qui
plongeant au milieu du camp obligérent toute
l'Armée Françoise à entrer dans Prague. Ce
fut alors que Mr. de Broglio fit signifier aux
Généraux des Troupes Françoises que le Roi
l'avoit nommé Général en Chef de toutes ses
Armées d'Allemagne. Sur quoi tous les Officiers en corps vinrent lui faire compliment,
& l'assurer qu'ils étoient prêts à répandre tout
leur sang pour le service du Roi & la gloire
de ses Armes.

Les François en abandonnant leurs retranchemens, rompirent les ponts qu'ils avoient
sur la Moldau, à la faveur desquels ils se portoient de l'autre côté de ce Fleuve. Ils avoient
encore un détachement & une batterie dans le
Jardin

Jardin de Mansfeld, laquelle tiroit sur l'Ennemi, pour couvrir leurs travailleurs. Le Prince Charles résolut de les chasser de ce poste. Il envoya un gros de Barbares qui se postérent sur une hauteur qui commandoit le Jardin, & sur laquelle on éleva une batterie pour ruiner celle de l'Ennemi. Le Détachement François fit une sortie sur les Barbares, & les fit plier; mais ayant été soutenus, les François furent à leur tour obligés de rentrer dans le Jardin. Les Assiégés, voulant se maintenir dans ce poste, dressérent une batterie dans le Jardin de Schelhorn, pour défendre celle du Jardin de Mansfeld, qui fut néanmoins démontée & rendue inutile. On les chassa de ce poste, & ils abandonnérent d'eux-mêmes celui de Schelhorn, après avoir fait sauter les bâtimens qui y étoient, pour que l'Ennemi n'en pût tirer avantage.

Les Assiégeans étendirent leur contrevallation, & commencérent à travailler à une paralléle pour communiquer aux deux attaques qu'ils avoient formées contre le Petit-côté. C'étoit par-là qu'ils prétendoient prendre Prague. L'attaque de la droite étoit celle du Grand-Duc, & l'autre celle du Prince Charles.

Le Prince Lobkowitz étoit posté vis-à-vis de Vischerad, & étoit séparé de Bathiani & de Festititz par le Ruisseau de Podanka qui coule entre Vischerad & Prague. Ces trois Généraux bloquoient le côté appellé la nouvelle & la vieille Ville, qui font en quelque forte l'une dans l'autre, n'ayant qu'un simple mur de séparation. Il n'y avoit point d'atta-

que

que de ce côté-là, mais seulement quelques batteries contre le château de Vifcherad.   Il faut avouer néanmoins que c'étoit l'endroit le plus foible de Prague; & que le Petit côté eft défendu par d'affez bons baftions, excepté à l'attaque de la gauche, où il n'y avoit qu'un baftion non revêtu, à quoi les François tâchérent de rémédier, en faifant un retranchement qu'ils prolongérent fur la droite, pour appuyer cette partie du front attaqué.

Les Autrichiens pousférent leur ligne paralléle fur la droite jufqu'à un vieux retranchement, refte des lignes que les Suédois avoient faites devant Prague pendant la guerre de trente ans.   Ils y élevérent une batterie de dix piéces de canon.

Le 17. d'Août l'Artillerie des Autrichiens confiftant en plus de cent piéces de gros canon & trente-fix mortiers, divifés en plufieurs batteries, commença à jouer tout à la fois contre les ouvrages de la Place, tant contre le baftion du Mont Saint Laurent, que contre la redoute & la place d'armes que les François avoient faite fur la contrefcarpe du front de l'attaque. Chemin couvert traverfé, caponiére réparée, fauffe braye coupée, tout fut canonné & bombardé, avec une vivacité que les Affiégés fûrent obligés d'avouer qu'ils n'avoient jamais vu un pareil feu.   On ne vit bientôt dans ces ouvrages que bras caffés, jambes emportées, en un mot tous les accidens qui peuvent arriver en pareille occafion.   Tout cela néanmoins ne rallentiffoit pas l'ardeur des Affiégés. Perfuadés que l'Ennemi auroit bientôt ruiné les défenfes de la Place au moyen d'un

pareil

pareil feu, & fur-tout le baftion de Strohoff, ils avoient tâché d'y pourvoir, en fortifiant le Mont Saint Laurent. C'eft une Colline entre la Porte de Strohoff & la Porte de l'Empire ou *Reichs-Thor.* Ils y avoient fait divers ouvrages, qu'ils perfectionnérent malgré le feu des Affiégeans; & déterminés à ne céder qu'après avoir fait tout ce qui étoit humainement poffible, ils avoient tiré un retranchement le long des maifons, derriére le rempart depuis le pied de la Colline ou Mont Saint Laurent, jufqu'à l'autre bout du Petit côté, auffi loin que s'étendoit l'attaque.

La faim étoit fans-contredit le plus cruel ennemi que les Affiégés euffent à craindre; mais par les bons ordres des Généraux, & par la fageffe de Mr. de Sechelles Intendant de leur Armée, ils ne manquérent ni de pain ni de vin. Cet Intendant, par une efpéce de preffentiment de ce qui devoit arriver, avoit formé un grand magazin de grain & de farine. La viande étoit la feule nourriture qui leur manquât. Pour y fupléer, le Maréchal de Broglio ordonna de tuer cent cinquante chevaux par femaine, & d'en diftribuer la viande aux Soldats. Il fut réglé que la Cavalerie ne conferveroit que quatre chevaux par Compagnie, & que le refte feroit tué tant pour la nourriture du Soldat, que faute de fourrage.

Il faifoit beau voir deux Maréchaux de France donner eux-mêmes l'exemple de la plus févére frugalité, ne mangeant que du pain & de la chair de cheval. Il y avoit chez le Maréchal de Broglio des tables où l'on

fer-

fervoit *gratis* à tous les Officiers, ces deux fortes d'alimens, avec une petite bouteille de vin à chacun. Les repas étoient courts; la plupart des convives mangeoient fans s'af-feoir un morceau de pain, avaloient un ver-re de vin, & couroient fe faire eftropier ou tuer avec autant de gayeté que s'il eût été queftion d'aller au Bal. En effet depuis le 19. au foir jufqu'à la fin du Siége, ce ne fu-rent que forties continuelles.

Les Autrichiens avoient élevé une batterie pour ruiner les ouvrages que les François avoient fait fur le Mont St. Laurent. Ceux-ci, connoiffant l'importance de ces ouvrages depuis que la bréche étoit faite aux baftions, réfolurent de faire une fortie pour s'emparer de cette batterie. Le matin du 19. à la peti-te pointe du jour quatre mille hommes d'In-fanterie foutenus de huit cens chevaux, fe trouvérent dans les endroits qui leur avoient été affignés, & prêts à agir. Après le fignal donné, ils fondirent fur les Travailleurs de la droite où étoit la batterie, pendant qu'il fe faifoit une fauffe attaque à la gauche, pour couvrir le but de celle-ci. Les Travailleurs furent tués ou mis en fuite, de-même que les Troupes qui devoient les foutenir. La batte-rie fut prife, & on l'auroit toute ramenée dans la Place, fi les Soldats ne fe fuffent trop hâtés de caffer les affûts. Il y eut douze tant canons que mortiers d'encloués; trois piéces furent enlevées & traînées dans la Ville, avec un Drapeau pris fur les troupes de la tran-chée.

Les Affiégés étoient occupés à combler & à
ruiner

ruiner les approches des Affiégeans, lorsque ceux-ci parurent en grand nombre pour les charger. Les Affiégés fe raffemblérent, & commencérent à faire retraite. On les atteignit. Sur quoi ils firent volte-face, & repoufférent la bayonnette au bout du fufil tout ce qui fe préfenta devant eux; & après avoir fait trois cens prifonniers, du nombre desquels étoit le Baron de Cofa Colonel du Régiment de Braun, ils fe retirérent fous le feu de leur canon, n'ayant eu que cent cinquante hommes tant tués que bleffés, tandis que plus de trois cens Autrichiens étoient reftés fur la place.

Une action de cette vigueur fit penfer au Grand-Duc à prendre de plus grandes précautions contre un Ennemi fi audacieux. Il redoubla les poftes, & fe tint fi bien fur fes gardes, que le 20. l'Ennemi ayant voulu tenter une nouvelle fortie, il fut presqu'auffi-tôt repouffé. Le 21. il en fit une troifiéme qui fut plus heureufe, ayant emporté une redoute & un moulin retranché où il fe maintint affez longtems, & qu'il n'abandonna qu'après une opiniâtre réfiftance qui couta la vie à plus de deux cens Autrichiens.

Le 22. à trois heures après midi, dans le moment que le Grand-Duc fe levoit de table, on vint lui dire qu'on voyoit un grand nombre de troupes fous les murailles de Prague. Son Alteffe Royale monta fur une hauteur, & avec une lunette d'approche elle découvrit diftinctement un Corps d'Armée d'environ douze mille hommes, qui fe difpofoit à quelque entreprife confidérable. Elle vit auffi le
Dra-

Drapeau rouge que les Affiégés avoient arboré, comme un préfage affuré d'une fanglante fortie. Le Grand-Duc ordonna qu'on fît avancer du camp quelques Régimens d'Infanterie, pour foutenir les troupes qui étoient dans les approches & qui gardoient les batteries.

Vers les quatre heures, les François commandés par le Duc de Biron s'étendirent fur la droite & fur la gauche, & fondirent en pleine courfe dans les approches, en criant *tue, tue*. Ils culbutérent & renverférent les Travailleurs & les Troupes de la tranchée, maffacrant fans quartier tout ce qui s'offroit à eux. Leur attaque fut fi brusque & fi impétueufe, qu'ils pénétrérent jufqu'à la premiére parallélé du côté du retranchement Suédois, renverférent les gabions, comblérent quelques toifes de travail, s'emparérent d'une batterie de canon, dont ils enclouérent une partie & emménérent l'autre, prirent trois Drapeaux, & firent plus de deux cens prifonniers, entre autres le vieux Genéral *Monti*, qui commandoit l'Artillerie & les Ingénieurs. Après un avantage fi marqué, ils auroient fans-douté dû fe retirer; mais emportés par leur ardeur, ils s'engagérent plus avant qu'ils ne devoient, deforte qu'ils rencontrérent les troupes que le Grand-Duc faifoit avancer du camp. On en vint de-nouveau aux mains. Le Régiment de Navarre chargea la bayonnette au bout du fufil deux Régimens de Dragon Autrichiens qui avoient mis pied à terre, & les culbuta. Il fe mêla trois fois, & fit un grand carnage fans tirer un coup. Le Régiment-Hongrois-de
Szir-

Szirmay se distingua beaucoup du côté des Autrichiens, ayant chargé l'Ennemi en flanc le sabre à la main, & fait plier le Régiment du Roi. Enfin, après environ deux heures d'un combat très-sanglant, pendant lequel le canon de la Place ne cessoit de tonner sur les Assiégeans, les François se retirérent, ne pouvant plus soutenir l'effort des Autrichiens, dont le nombre grossissoit à tout moment, & qui recevoient continuellement des troupes fraîches du camp.

Quand une Garnison fait une sortie, il faut à la fin qu'elle rentre dans la Place ; c'est ce que les Assiégeans appellent d'ordinaire avoir repoussé l'Ennemi, comme si on faisoit des sorties pour s'établir dans les ouvrages des Assiégeans. Il est pourtant sûr qu'on n'a d'autre but que de les ruiner, pour retarder la prise de la Place : & dès qu'on a exécuté ce dessein, on a eu tout le succès qu'on s'étoit promis ; après quoi on se retire. Rien n'est plus simple. Mais les Assiégeans, pour couvrir la perte qu'ils ont faite, & l'avantage des Assiégés, ne manquent jamais de dire qu'ils les ont repoussés. C'est ainsi qu'on trompe les ignorans, & qu'on s'étourdit soi-même sur la perte réelle qu'on a soufferte.

Cette sortie du 22. d'Août sera sans-doute mémorable dans tous les siécles. Non seulement les Assiégés ruinérent les travaux des Assiégeans, mais ils leur livrérent un combat de près de deux heures, qui pourroit passer pour une bataille, & dans lequel il firent des prodiges de valeur. Enfin, cédant au nombre, & à la nécessité de rentrer dans la Place, ils se

bat-

battirent en retraite jufqu'aux portes de la Ville, emmenant du canon, des drapeaux & des prifonniers, ce qui eft, felon les gens du métier, le plus grand avantage qu'on puiffe remporter dans ces fortes d'occafions.

Pendant cette furieufe fortie, les Maréchaux de Broglio & de Bellile étoient au haut du rempart, à découvert, dans un endroit où les balles pleuvoient de tous côtés. Ils ne fe retirérent qu'après avoir vu rentrer les troupes. Ils comblérent d'éloges les Généraux & les Officiers, donnérent une attention particuliére aux bleffés, & firent beaucoup de politeffes aux Prifonniers Autrichiens, fur-tout au vieux Général Monti.

On comprend aifément qu'une action auffi vigoureufe ne put fe faire fans perdre du monde. On juge à vue de pays que les François eurent fix cens hommes tués ou mis hors de combat, & trois cens légérement bleffés. Le Comte de Teffé, Ecuyer de la Reine, fut du nombre des morts. Les Ducs de Biron & d'Etrées furent bleffés, de-même que le Prince de Deux-Ponts, jeune Seigneur de dix-fept à dix-huit ans, qui fit des merveilles à la tête de fon Régiment d'Alface. Du côté des Autrichiens cinq cens hommes furent tués, fix ou fept cens bleffés outre les prifonniers. Le Baron de Lindenfels Colonel Commandant du Régiment de Wolfenbuttel fut tué, de-même que le Marquis de Botta Major du Régiment de Botta. Le premier étoit un Officier de mérite, qui fut fort regretté. Parmi les bleffés, les principaux étoient le Comte de Wiedt, Colonel en fecond du Régiment de Marfchull, &

le

le Colonel Beneda. Les François ne perdirent ni drapeaux, ni étendart.

Le lendemain il y eut une suspension d'armes pour enterrer les morts.

Les Assiégeans continuérent à faire un feu terrible de leurs batteries pour ruiner celles des Assiégés. Ils y réussirent; mais pendant la nuit, les Assiégés travailloient avec une ardeur incroyable à les rétablir, & le lendemain c'étoit à recommencer. Ils avoient percé l'Hôtel de Czernin & celui du Comte de Schlick, & y avoient construit des batteries, pour répondre à celles des Assiégeans, qui tiroient contre le Mont St. Laurent, dont les retranchemens avoient été bouleversés par les bombes & les boulets. Les Autrichiens titérent de ce côté-là pour démonter les nouvelles batteries que les Assiégés venoient d'y établir, & ils achevérent de ruiner ces deux Palais les plus beaux de Prague. Le Comte de Feuerstein Colonel d'Artillerie fut blessé ce jour-là dangereusement au cou, & Mr. de Paris Capitaine au Régiment d'Infanterie du Grand Duc fut tué d'un coup de canon qui lui emporta la tête. Les deux Capitaines d'Artillerie *Telscher* & *Schneek* furent, l'un blessé, & l'autre tué près des batteries.

Je crois qu'il est à propos de détromper ici le Public sur certains contes faits à plaisir qu'on a mis dans les Gazettes. Savoir, que les François obligeoient les Juifs & les habitans à les accompagner dans leurs sorties, & à combattre; & qu'ils en avoient fait pendre, je ne sai combien, pour avoir refusé de marcher. Ce sont deux faussetés insignes. La premiére se détruit d'elle-même. Les Bourgeois de Prague étoient trop suspects, pour qu'on leur donnât des armes dont ils auroient pu faire un usage bien funeste aux Assiégés, & les Juifs sont de trop mauvais soldats pour être employés à des combats aussi chauds. D'ailleurs une Armée de vingt-deux mille hommes est plus que suffisante pour défendre une Place, & ce n'étoit pas de soldats que les Assiégés manquoient. L'autre fausseté est un peu moins grossière. J'ai été dans Prague après qu'elle eut été évacuée, & j'y ai appris par des gens dignes de foi, qu'on n'y avoit pendu qu'un voleur pendant tout le tems du siége. Ils avouoient même que bien des fois les Soldats François s'étoient privés de la moitié de leur pain, pour en faire part à des femmes ou à des enfans qui souffroient la faim, & qu'ils voyoient languir faute de nourriture. Il est vrai qu'ils se plaignoient des grosses contributions qu'on avoit exigées d'eux; mais c'étoit un mal nécessaire dans les circonstances où étoit cette Armée, n'ayant plus aucune communication au dehors, & ne pouvant recevoir ni secours ni argent. D'ailleurs les contributions n'ont pas dû être fort grandes, vu que la quantité d'argent qu'on a exigé n'a pas empêché la Reine de Hongrie de lever encore des sommes immenses. Du reste ils convenoient que par les bons ordres des Généraux, & par la vigilance du Comte de Baviére, on avoit prévenu bien des malheurs qui auroient pu arriver dans le désespoir où étoient réduits tous les habitans.

De-

Depuis l'action du 22. les François ne firent plus que de petites forties, où il ne se passa rien de remarquable. Il y avoit une bréche au Bastion de Strohoff, peu considérable à-la-vérité; mais on espéroit de l'élargir en peu de tems, au moyen de l'artillerie qui le battoit en ruine. Les Assiégés commençoient à manquer de poudre, ils la ménageoient autant qu'il leur étoit possible. Il y avoit trois mois qu'ils étoient enfermés dans la Place, & depuis trois semaines ils n'avoient plus un grain de sel. Ils achetoient une poule un ducat, & payoient cent sous d'une livre de beurre. Enfin la cherté étoit montée à un si haut point, & la disette étoit si grande, que les Soldats exténués de faim & de fatigue n'étoient plus soutenus que par leur courage. C'est une chose admirable, que plus de vingt mille hommes ayent mieux aimé périr, que de faire une démarche qui eût pu rendre leur courage douteux, quoiqu'elle pût être excusée par les circonstances où ils se trouvoient, & qu'elle fût autorisée par les Loix de la Guerre; & c'est une justice que tout honnête-homme doit à cette brave Garnison, qu'elle a fait tout ce qui se peut humainement, soit par rapport à la valeur, soit à l'égard de la constance dans les travaux d'un long & pénible Siége, soit par rapport à la patience à supporter les plus affreuses calamités. On voit quelquefois le même courage, la même résolution, dans trois ou quatre hommes; mais que cela se trouve dans toute une Armée, c'est une chose dont l'Histoire ne nous fournit aucun exemple que je sache. Bien loin qu'aucun d'eux murmurât, ils concouroient

tous

tous avec le même zéle à leur défenfe commune. Il fembloit que leur courage s'acrût à proportion de leur mifére, & à mefure que leur état empiroit.

Dès le commencement de Septembre, le Grand-Duc & le Prince Charles commencérent à fe défier du fuccès de leur entreprife. Ce fut bien autre chofe quand ils apprirent que Mr. de Maillebois étoit en marche, pour venir au fecours des Affiégés. Ils renouérent alors les Conférences avec Mr. de Bellile, mais celui-ci parla d'un tout autre ton. Il déclara que les chofes n'étoient plus dans le même état, qu'auparavant ; que la marche de Mr. de Maillebois changeoit beaucoup la face des affaires, & qu'il n'étoit plus queftion d'évacuer la Bohême, mais de la défendre ; que les troupes du Roi étoient encore les mêmes ; qu'elles avoient encore le même cœur & la même fermeté ; qu'elles ne vouloient devoir qu'à leur valeur le bénéfice de leur liberté ; & qu'elles étoient trop aigries des conditions qu'on leur avoit voulu prefcrire, pour entendre à une Capitulation qui auroit l'air d'une grace mendiée ; qu'enfin il n'avoit plus lui-même aucun pouvoir de traiter fur les points propofés auparavant. Sur cela les attaques redoublérent. On acheva une feconde paralléle, & on continua à battre en brêche, mais fans beaucoup d'effet ; & ce qu'il y a d'étonnant, c'eft qu'une Place qui n'a aucun ouvrage avancé, ait été canonnée avec tant de force & de vigueur, fans voir ni brêche, ni affaut. Le feul baftion de Strohoff fut un peu écorné. L'étonnement ceffe cependant, quand on fait réflexion à ces fréquenquentes & fanglantes forties qui ruinoient les approches & les batteries des Affiégeans, & retardoient l'effet de leur canon ; & enfin à ce foin infatigable qu'avoient les Affiégés, de réparer inceffamment les ravages que l'Artillerie ennemie avoit faits dans les ouvrages qui les couvroient.

Le Maréchal de Bellile, à fon retour de la Conférence, fit favoir à tous les Officiers qui le vinrent voir, que le Grand-Duc lui avoit fait offrir les conditions qu'il avoit demandées environ deux mois auparavant pour l'évacuation de Prague & de la Bohême ; mais qu'il les avoit rejettées, fachant bien que Mr. de Maillebois marchoit à leur fecours. Le bruit de cette marche fe répandit le même jour dans Prague. Les Soldats pleins de joie & d'efpérance couroient par les rues en criant, *Vive le Roi, vive Mr. de Maillebois, & périffent ceux qui vouloient nous mener prifonniers en Hongrie!*

La réfolution qui fut prife peu après de lever le fiége, étoit un effet des confeils du Comte de Kevenhuller qui commandoit en Baviére, & qui avoit écrit plus d'une fois à la Reine & au Grand-Duc, que la marche de Mr. de Maillebois n'étant point une chofe douteufe, il n'étoit plus queftion de perdre le tems devant Prague, mais de marcher fur les frontiéres de la Baviére, pour être à portée de fecourir l'Armée qui étoit dans cet Electorat, & de difputer en même tems le paffage des gorges par où l'Armée ennemie devoit paffer pour pénétrer jufqu'à Prague. Et que fuppofé que l'Ennemi eût quelque deffein fur

l'Aul'Autriche, on feroit par-là dans une pofition à pouvoir rompre fes mefures, & à profiter des fautes qu'il pourroit faire; & que s'il prenoit le parti d'aller en Bohême, on pouvoit par-là l'embaraffer beaucoup.

Le 8. de Septembre Mr. de Koch, Sécretaire du Cabinet de Sa Majefté Hongroife, arriva à l'Armée avec des dépêches qui donnérent lieu à la tenue d'un Confeil de guerre, où il fut réfolu de fuivre le plan du Comte de Kevenhuller.

Le même jour on fit de petits détachemens de Cavalerie pour aller dans tous les Villages aux environs de Prague, fignifier aux Païfans de fe retirer en deux fois vingt-quatre heures à trois lieues de cette capitale, & d'emporter avec eux tout ce qu'ils auroient de denrées & de meubles, parce qu'on avoit réfolu de bruler ce qu'ils laifferoient, pour que l'Ennemi n'en pût profiter. Quelque durs que fuffent ces ordres, il falut pourtant y obéir; & ce fut un affez trifte fpectacle, de voir ces pauvres gens abandonner leurs maifons & errer d'un côté & d'autre fans favoir où fe fixer. Le lendemain le Duc de Bouflers fortit de la Place, & fut mené au Grand-Duc, à qui il demanda la permiffion d'aller à Paris pour y rétablir fa fanté, promettant de fe foumettre aux conditions que la Garnifon de Prague fubiroit.

On commença à tranfporter l'Artillerie à Pifeck, & à mefure que le canon diminuoit, on redoubloit de viteffe pour tirer avec ceux qui étoient encore en batterie; mais l'Ennemi, bien informé de nos deffeins, ne fe mit pas

beau-

beaucoup en peine de ce feu, quoiqu'il fût très-violent. Il diminua visiblement le 12. & le 13, & le 14. il n'y avoit plus une batterie devant Prague. Toute l'Armée se mit le même jour à cinq heures du matin en marche vers Béraun & Pilsen. Comme le Prince Charles & le Grand-Duc comptoient de pouvoir bientôt revenir devant Prague, ils avoient en attendant laissé le Général Festititz pour la bloquer avec une partie de ses Hongrois, le reste ayant été jugé nécessaire pour grossir l'Armée. Les Régimens de Festititz, de Bellesnai, de Slua, & le Corps des Pandoures furent postés sur le Weissemberg ; le Quartier-général à Hastowitz ; le Général Forgatsch fut posté avec deux mille Croates & autres Barbares en-delà de la Moldau.

Les portes de Prague furent ouvertes. Les Partis François commencérent à battre l'estrade. Il y eut plusieurs petites rencontres entre eux & les Hussars : l'avantage fut tantôt d'un côté, tantôt de l'autre.

Fin du Livre VI.

HISTOIRE
DE LA
DERNIERE GUERRE
DE BOHEME.

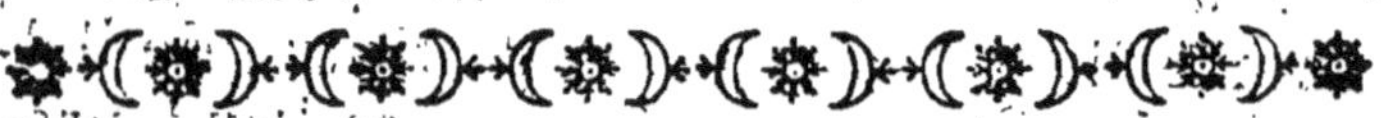

LIVRE SEPTIEME.

ARGUMENT.

Marche de Maillebois. Son retour. Belle retrai-
te de Mr. de Bellile. Capitulation de Prague.
Affaires de Baviére. Bataille de Dettingen.
Reddition d'Egra.

DAns le tems que les François faiſoient
une ſi belle défenſe dans Prague, ceux
qui étoient en Baviére ne faiſoient pas de fort
grands exploits. Soit que le Duc d'Harcourt
eût ordre de ne rien hazarder, ſoit que le
Comte de Kevenhuller lui parût trop avantageuſement poſté, il ne fit aucun uſage de
la ſupériorité de ſes forces. Les Armées reſ-
térent longtems en préſence ſans faire de
mouvement conſidérable, les Autrichiens occupant toujours la partie de la Baviére qui eſt
en-delà du Danube, les François & les Impériaux

périaux reſtant maîtres de celle qui eſt en-
deçà. Les choſes étoient en cet état, lorſ-
que l'Empereur jugea à propos de rappeller
le Feld - Maréchal de Thöring, & d'envoyer
le Comte de Seckendorff en Baviére pour y
commander les Troupes Impériales. Ce nouveau Général eſt un Gentilhomme Saxon,
qui par ſon mérite & ſa capacité militaire
s'eſt élevé aux premiers emplois. Il eſt d'autant plus glorieux pour lui d'être parvenu à
ce degré d'honneur, qu'étant né ſans bien,
on ne peut le ſoupçonner d'avoir acheté les
emplois qui ſe vendent dans les Régimens Autrichiens, & dont les Chefs retirent tout le
profit. Par où il eſt aiſé de juger de la difficulté que doit avoir eu un Etranger de monter à des poſtes par lesquels les autres débu-
tent. Le Feld - Maréchal de Seckendorff eſt
un éléve du Prince Eugéne, qui en faiſoit
beaucoup de cas, & qui le déſigna au feu Empereur comme le ſeul homme capable de commander ſes Armées avec ſuccès.

La recommandation d'un ſi grand Capitaine, qui ſe connoiſſoit ſi bien en mérite, valut
la Dignité de Feld-Maréchal à Mr. de Seckcen-
dorff. On lui donna le commandement en chef
de l'Armée de Hongrie, dans la guerre qui s'al-
luma entre l'Empereur & les Turcs en 1737.
Une cabale qui ſe forma à la Cour contre le
Feld-Maréchal, ne lui permit pas de répondre à l'attente publique. On le laiſſa manquer des choſes les plus néceſſaires à l'entretien de ſon Armée. Il en périt une partie de
miſére & par les maladies. On réuſſit à lui

M 5

faire

faire ôter le commandement de l'Armée, &
on alla même jufqu'à engager l'Empereur à le
faire arrêter. On anima la populace contre
lui. Mais quoi qu'on pût faire, on ne détrui-
fit pas dans le public l'idée de fon mérite. Ayant
recouvré fa liberté il fe retira fur fes Terres,
& entra enfin au fervice du Succeffeur de Charles VI. Dès que ce Général parut à la tête
des Troupes Bavaroifes, la fortune commença à changer. Il profita admirablement de l'attention que le Feld-Maréchal de Kevenhuller étoit obligé d'avoir du côté de la Bohême, de peur que l'Armée Françoife ne fe poftât
de maniére à l'empêcher de fe joindre au
Prince Charles. D'abord il marcha à Retzem-
bourg, d'où il détacha le Baron de Heggen-
bourg, Colonel du Régiment de Preyfing,
avec 800. hommes d'Infanterie, & quatre-
vingt Maîtres. Il fit divers autres détachemens,
& s'approcha lui-même de l'Ifer pour les foutenir. Enfin il prit de fi juftes mefures qu'il
chaffa les Autrichiens de Landshut Delà il
fit les difpofitions néceffaires pour les chaffer
encore de Munich; mais ceux-ci ne jugérent
pas à propos de l'attendre, & abandonnérent
cette capitale, où ils avoient fait quelques
fortifications, dans la vue fans doute d'y foutenir un fiége. La crainte d'être faits prifonniers de guerre leur fit changer de deffein.

Cependant l'Armée que Mr. de Maillebois
commandoit en Weftphalie étoit fortie de fes
quartiers, & étoit en marche pour retourner
en France, lorfque la Cour, ne voyant pas
d'autre moyen de fauver les troupes qui étoient

dans

dans Prague, envoya ordre à ce Maréchal d'aller à leur fecours.

A cette nouvelle, les Miniftres Anglois exagérérent aux Etats - Généraux le danger où étoit la Reine de Hongrie, fi cette Armée mettoit le pied en Bohême. La vérité eft que cela dérangeoit leurs projets, & que comptant de faire prifonniers plus de vingt mille François d'un feul coup de filet, ils fe flattoient de conquérir fur la France, avant qu'elle fût en état de réparer la perte de tant de foldats braves & aguerris. Mais au fond les Etats jugérent fort bien que les exploits de Mr. de Maillebois fe borneroient à délivrer cette Armée, fans empêcher les Généraux de la Reine de Hongrie de prendre Prague dans l'état où les chofes étoient. Ils ne crurent donc pas devoir entrer dans une guerre ouverte avec les François, pour quelque dérangement qui pouvoit arriver aux deffeins des Anglois.

La Cour de Londres n'ayant pas réuffi de ce côté-là, effaya d'empêcher elle-même cette marche, & d'en prévenir les effets. Dans cette vue, les Généraux Anglois raffemblérent leurs troupes dans les Pays-Bas, conjointement avec les Heffois, les Hannovriens, & celles que la Reine de Hongrie avoit dans ces Provinces. Ils menacérent tantôt l'Alface, tantôt la Lorraine, efpérant toujours que la crainte d'une invafion engageroit la Cour de France à changer le plan de la marche du Maréchal de Maillebois, & à retenir fon Armée fur fes frontiéres pour leur en difputer l'entrée. Mais la Cour de France ne fut point la dupe de ce ftratagême. Elle tâcha de

pour-

pourvoir à la défenſe de ſes frontiéres, in-
dépendamment de l'Armée de Maillebois, qui
continua ſa route vers la Bohême. Cette Armée avoit plus de cent milles d'Allemagne à
faire, avant que d'arriver à Prague. Il lui
faloit traverſer toute la Weſtphalie, la Fran-
çonie, la Baviére & la Bohême, dans une
ſaiſon froide & pluvieuſe ; & point de magazin
ſur la route. Le ſoldat fatigué & haraſſé
ne pouvoit guéres combattre avantageuſement
contre un Ennemi qui avoit eu tout le tems
de ſe repoſer des fatigues du ſiége, qui d'ailleurs n'avoient pas été extraordinaires, puisqu'ils n'avoient eu d'autre peine que le travail ordinaire des tranchées, ſans avoir livré
ni aſſaut, ni fait aucune de ces manœuvres
qui fatiguent des Aſſiégeans, ſi vous en ex-
ceptez les fréquentes ſorties des Aſſiégés, qui
les avoit tenus un peu allertes.

Le deſſein de Mr. de Maillebois étoit de
marcher en Autriche, Pays plus aiſé à pénétrer que la Bohême, qui, comme je l'ai déjà
dit, eſt environné de montagnes. Ce deſſein
paroiſſoit bon. L'Armée Autrichienne auroit
été par-là obligée de s'éloigner de ce Royaume, pour aller ſecourir l'Autriche ; & les
François qui étoient dans Prague ſe ſeroient
aiſément démêlés de cette poignée de Barbares, qu'on avoit laiſſés aux environs de cette
capitale. Mais ſoit que l'Empereur ne crût
pas l'entrée de la Bohême auſſi difficile, ou
qu'il craignît que les Autrichiens ne reviſſent
devant Prague, après avoir fait un détachement pour défendre l'Autriche, où Mr. de
Maillebois ne pouvoit entrer, ſans prendre

quel-

quelques poftes, qui l'auroient pu arrêter affez longtems, pour donner au Grand-Duc le
loifir de prendre par famine une Ville qui
manquoit de tout, malgré l'éloignement de
l'Armée qui l'avoit affiégée, foit enfin par
d'autres raifons, il voulut que Mr. de Maillebois marchât directement au fecours de Prague. Ce qu'il fit. Il fut joint fur fa route
par les débris de trois mille Miliciens, qui
étant campés près de Fürth, furent difperfés
par cinq à fix mille Huffars, favorifés en cela
par les Habitans de la Franconie, qui les
aidérent à piller les équipages de ces Miliciens.

Pendant que le Comte de Kevenhuller faifoit tête au Duc d'Harcourt avec la meilleure
partie de fon Armée, le Général Berenklau
avec fept à huit mille hommes, la plupart troupes irréguliéres, fe tenoit aux environs de
Paffau, pour couvrir l'Autriche. Ce Général
détacha le Baron de la Trenk avec fes Pandoures pour aller lever des contibutions à
Chamb, Ville du Haut-Palatinat. Il s'y rendit
le 7. de Septembre, demanda une fomme confidérable, & qu'on lui remît la Place. Les
Magiftrats vinrent lui repréfenter que Chamb
ayant été choifi par les Généraux Autrichiens
mêmes pour le lieu où devoit refter une partie des Troupes Bavaroifes forties de Lintz, on
ne pouvoit la regarder que comme une Ville
neutre, n'ayant d'autre Garnifon que le Bataillon du Prince Electoral de Baviére, qui, felon la Capitulation de Lintz, ne pouvoient
fervir contre la Reine de Hongrie; & que
n'ayant point violé cette Capitulation, il n'é-
toit

toit pas juste de les venir provoquer, en les délogeant d'un endroit qui leur avoit été assigné pour demeure. Un jour se passa en négociations, sans qu'on pût convenir de rien. Enfin le Baron de la Trenk, ennuyé sans-doute de tous ces délais, fit, dans le tems qu'on s'y attendoit le moins, mettre le feu à la Ville. La Garnison fut passée au fil de l'épée, les Habitans impitoyablement massacrés sans distinction, & le peu qui échappa obligés de fuir pour sauver leur vie. Jamais on ne vit pareille désolation. Le butin que les Barbares firent au sac de cette malheureuse Ville étoit immense. La Trenk eut plus de trois cens mille florins pour sa part, & il y eut des Pandoures & des Talpatches qui s'enrichirent pour toute leur vie.

Le même jour que le Siége de Prague fut levé, l'Armée du Maréchal de Maillebois arriva à Amberg dans le Haut-Palatinat. Elle avoit été renforcée des troupes du Duc d'Harcourt, desorte qu'elle pouvoit alors monter à quarante-huit mille hommes. Celle du Prince Charles avoit aussi été jointe par la meilleure partie des troupes que le Comte de Kevenhuller avoit sous ses ordres. Le Feld-Maréchal de Seckendorff restoit en Baviére avec les Impériaux, & Berenklau étoit chargé de lui faire tête avec huit à dix mille hommes, & de l'empêcher de faire de nouveaux progrès & de pénétrer en Autriche.

Le Maréchal de Maillebois auroit bien voului entrer en Bohême par sa droite, du côté de Waidhausen & d'Essarn: par-là il abrégeoit de beaucoup sa route, & d'ailleurs les défilés

ne

ne font pas fi fréquens de ce côté-là ; car
après les premiéres montagnes, on trouve la
plaine, qui fans être tout-à-fait unie, eft beaucoup moins coupée qu'à la gauche. Mais les
Autrichiens occupoient déjà tout ce côté : deforte qu'il ne reftoit plus que la voie d'Egra,
que les Autrichiens n'avoient pu fermer, n'é-
tant pas maîtres de cette Fortereffe.

L'Armée Françoife prit cette route, & pendant toute fa marche elle fut harcelée par les
Huffars. Le Général François évitoit une action décifive, & les Généraux Autrichiens ne
la cherchoient pas. Le premier avoit ordre de
ne rien hazarder qu'à bonnes enfeignes, &
ceux-ci vouloient auffi être à peu près fûrs du
gain de la bataille. Dans ces difpofitions, il
eft très-aifé de fe côtoyer dans un Pays comme la Bohême, fans être obligé d'en venir à
une affaire générale.

Il n'étoit pas difficile à Mr. de Maillebois
d'entrer dans le Cercle d'Egra ; mais pour pénétrer de-là dans celui de Prague, il faloit
traverfer les montagnes du Cercle de Saatz &
les défilés de Caaden, & faire plus de vingt-
cinq milles d'Allemagne dans un Pays ruiné,
où il n'y avoit ni pain ni fourrage. Il eft
vrai qu'on côtoyoit la Saxe à gauche, & que
l'on avoit la communication libre avec cet
Electorat : mais on n'en étoit pas mieux pour
cela, vu que l'incertitude des affaires & le
mauvais état de celles des François, obligeoient la Cour de Saxe à de grands ménagemens envers la Reine de Hongrie ; deforte que les Milices de cet Electorat, jointes
à divers Corps de Cavalerie, étoient poftées

fur

sur les frontiéres, & le Général Diemar qui les commandoit, avoit ordre d'empêcher les transports des vivres hors des Terres de Saxe, & de s'oppoſer aux François au cas qu'ils s'aprochaſſent pour en acheter. On alléguoit pour raiſon la cherté inévitable que cela apporteroit dans le Pays ; & véritablement la Saxe n'auroit pu, ſans s'incommoder beaucoup, fournir des vivres à cinquante mille hommes, & elle étoit abſolument hors d'état de donner des fourrages ſuffiſans pour tant de chevaux employés dans une Armée de cette force. Il eſt bien vrai qu'étant maître de la Fortereſſe d'Egra, on pouvoit tirer quelques ſecours de la Baviére ; mais ce ne pouvoit être que peu de choſe, vu l'état où étoit ce pauvre Pays : d'ailleurs, à peine Mr. de Maillebois auroit été enfoncé dans le Cercle de Saatz, que le Prince Charles auroit envoyé un gros de Barbares, qui auroient pu ſe poſter entre Egra & ſon Armée, & par-là lui couper la communication avec cette Place & le Haut-Palatinat.

Il n'étoit donc pas poſſible de s'engager trop avant, ſans hazarder le ſalut d'une Armée déjà haraſſée de fatigue, & qui ne ſubſiſtoit depuis pluſieurs jours qu'avec beaucoup de peine & de difficulté. Cependant on a publié que Mr. de Maillebois n'avoit point marché à Prague, parce qu'il ne vouloit pas obéir à Mr. de Broglio. C'eſt dire en peu de mots que Mr. de Maillebois eſt un traître ; qu'il a trompé le Roi & toute la France ; qu'il a laiſſé vingt mille braves ſoldats dans le danger éminent dont il pouvoit les tirer ; qu'il a ruiné de gayeté de cœur l'Armée qu'il commandoit par des marches inutiles. En un mot, qu'il a ſacrifié une

une folide gloire à une mauvaife honte, à un faux point d'honneur. Certainement la gloire d'avoir délivré une brave Armée, bloquée & affiégée depuis fi longtems, auroit bien pu dédommager ce Général du petit defagrément d'obéir à fon Collégue; & il faudroit qu'il n'eût pas eu le fens - commun pour ne pas voir que par une baffe & puérile vanité, il perdoit l'occafion la plus favorable qu'il pût jamais trouver d'acquérir une gloire immortelle, & expofoit fon nom à l'horreur de tous les fiécles.

On me dira peut - être que fa disgrace eft une preuve qu'il n'a pas fait ce qu'il a pu. Il y auroit bien des chofes à répondre à cette raifon, mais cela n'eft pas de mon fujet. Ce n'eft point à moi à pénétrer dans les motifs qui déterminent les Princes à une certaine conduite à l'égard d'un Particulier. Je dis ce qui me paroît jufte & raifonnable, du refte chacun peut croire ce qu'il voudra. Je ne prétens point gêner les opinions, ni n'ai pas la vanité de préférer la mienne à celles des autres.

Il me paroît que tout le crime du Maréchal de Maillebois eft de n'avoir pu lever les obftacles qui fe rencontroient dans fa marche vers Prague. J'ai expofé ces obftacles. Le Lecteur peut juger lui-même s'ils étoient de nature à pouvoir être levés; mais quelque jugement qu'on en puiffe faire, je demeure perfuadé que l'on ne peut tout au plus reprocher à Mr. de Maillebois que de l'incapacité.

Cependant le Prince Charles n'oublioit rien pour augmenter les difficultés de la marche de l'Armée Françoife. Ses Huffars la harceloient continuellement, & il avoit envoyé quatre à cinq mille Barbares à Ellenbogen pour refferrer davantage les François fur leur droite.

Dans ces entrefaites, le Maréchal de Broglio étoit forti de Prague avec près de douze mille hommes, & s'étoit porté aux environs de Töplitz, où la jonction devoit fe faire, & par ce mouvement il abrégeoit le chemin à Mr. de Maillebois. Il paroît que les Généraux François n'avoient pas perdu l'efpérance de pouvoir conferver la Bohême, puifqu'il auroit été affez aifé à Mr. de Broglio, en abandonnant tout-à-fait Prague, de venir joindre Mr. de Maillebois, pendant que celui-ci faifoit tête à l'Armée du Prince Charles. Rien n'eût pu l'en empêcher. Le Corps de Huffars qui occupoit les poftes aux environs n'étoit pas d'une force à l'incommoder, & il avoit d'ailleurs moins de monde & moins d'attirail que Maillebois. Mais foit qu'il fe flattât de pouvoir conferver Prague, & d'obliger les Autrichiens à en venir à une bataille, où il auroit été fupérieur après la jonction projettée; foit qu'il crût les obftacles qui s'offroient à Mr. de Maillebois beaucoup moindres qu'ils n'étoient en effet, il attendit tranquillement à Töplitz un fecours qui ne vint point.

Mr. de Maillebois effaya néanmoins de pénêtrer plus avant. Il détacha le Comte de Saxe avec la réferve, pour chaffer les Pandoures d'Ellenbogen. Ce Seigneur n'eut pas plutôt paru devant cette Ville, qui eft fans défenfe, que les Barbares demandérent à capituler. Ils leur permit de fe retirer où ils voudroient.

avec

avec tout ce qui leur appartenoit. Le Maréchal de Maillebois prétendit que le Comte s'étoit trop hâté, & qu'il devoit faire ces Pandoures prisonniers de guerre, qu'il lui envoyoit même un renfort pour les contraindre à se soumettre à cette condition. Ce qu'il y a de sûr, c'est que ces quatre mille Barbares furent se poster dans les défilés de Saatz, & augmentérent considérablement les troupes qui y étoient déjà, & par conséquent de forcer ces passages.

Après divers mouvemens qui n'aboutirent à rien, Mr. de Maillebois revint tout d'un coup sous Egra, d'où il reprit la route du Haut-Palatinat, sans avoir donné le moindre secours aux troupes qui avoient défendu Prague. Sur l'avis que Mr. de Broglio en eut, il laissa quelques troupes dans le Cercle de Léthomeritz pour assurer la communication avec la Saxe, & renvoya le reste à Prague, après quoi il partit avec tous ses domestiques & équipages, traversa l'Electorat de Saxe, & se rendit en Baviére, où Mr. de Maillebois marchoit avec son Armée, toujours observé par celle du Prince Charles, qui avoit fait un détachement considérable sous le Prince de Lobkowitz pour aller resserrer Prague, afin que les Troupes Françoises qui y étoient ne lui échappassent pas.

L'Armée du Maréchal de Maillebois étoit si fatiguée des mouvemens qu'elle avoit faits, & elle avoit tant souffert de la disette des vivres, que la plupart des Soldats se trouvoient ou fort foibles ou fort malades. Il en étoit mort quantité sur la route, desorte qu'en ar-

N 2

ri-

rivant fur le Danube cette Armée fe trouva diminuée de plus de fix mille hommes.

Le Prince Charles marchoit de fon côté vers le Danube, côtoyant la gauche des François, & obfervant de mettre toujours l'Autriche derriére lui pour la couvrir, & fur-tout la Ville de Paffau qui en eft comme la clé.

L'Armée Françoife paffa le Danube le 12. de Novembre, & le 18. du même mois le Maréchal de Broglio en prit le commandement. Mr. de Maillebois fe difpofa de fon côté à retourner en France, où il fut reçu comme un homme qui s'étoit mal acquité de fon devoir.

Les Autrichiens pafférent auffi le Danube, & s'avancérent fur la droite de l'Ifer. Les François foupiroient après des quartiers d'hiver. Leur Cavalerie étoit entiérement ruinée, & leur Infanterie étoit fur les dents. On les mit dans des cantonnemens entre l'Ifer & le Danube.

Pendant qu'ils fe repofoient, le Prince Charles ne reftoit pas oifif. Tout d'un coup il s'empara de Deckendorff en-delà du Danube, & de Landau fur l'Ifer, où il fit cinq cens François prifonniers de guerre. L'Ennemi reprit à-la-vérité ces deux poftes, & obligea le Prince Charles à fe raprocher de Scharding & de Paffau. Ce Prince toujours actif fit un gros détachement qu'il donna à Mr. de Berenklau pour s'aller emparer de Braunau. Le Maréchal de Seckendorff avoit fait fortifier ce pofte, & le couvroit avec les Bavarois ; mais à l'approche du Général Autrichien,

il

il jugea à propos de se retirer, ne se sentant pas assez fort pour s'opposer à Berenklau. Cependant il envoya demander du secours à Mr. de Broglio. Ce Maréchal fut quelques jours à rassembler un Corps de troupes suffisant pour cette expédition, & pendant ce tems-là les Autrichiens battoient la Place avec beaucoup de vigueur. Ils donnérent deux assauts au bastion de Simbach, mais il furent repoussés. Leur Artillerie jettoit force bombes & boulets rouges dans la Ville, qui en fut à demi ruinée. Le secours demandé par le Feld-Maréchal de Seckendorff parut enfin, & s'étant joint à la petite Armée des Bavarois on marcha vers Braunau. A peine l'Avantgarde des François parut, que les Autrichiens se disposérent à lever le siége, desorte qu'après avoir fait partir leur canon ils abandonnérent leurs postes, & se retirérent avec assez de hâte à Altheim. Les deux Maréchaux entrérent dans Braunau, & se rendirent de-là à Simbach, où l'Ennemi avoit eu son principal poste. Mr. de Seckendorff avoit grande envie d'attaquer Berenklau, & persuadé que l'occasion étoit favorable, il pressa Mr. de Broglio de concourir à ce projet. Mais ce Maréchal de France lui allégua la rigueur de la Saison, la fatigue des Troupes Françoises, & cent autres choses pareilles, dont Mr. de Seckendorff ne parut pas se contenter. Et ce furent-là les premiéres étincelles de cette mesintelligence qui éclata ensuite entre ces deux Généraux, & qui fut si funeste à la Baviére. Les François contens d'avoir fait lever le siége de Braunau, s'en retournérent dans

 leurs

leurs quartiers entre l'Iſer & l'Inn. Quelques autres Troupes de cette Nation, ſous les ordres du Comte de Saxe, cantonnoient en-delà du Danube.

Le reſte de l'Hiver les Autrichiens ſe tinrent aſſez tranquilles en Baviére, & les François ne les inquiérent pas beaucoup. Mais en revanche il ſe paſſa des choſes mémorables en Bohême.

Mr. de Broglio avoit laiſſé avant ſon départ de Bohême, comme je l'ai déjà dit, quelques troupes dans le Cercle de Léthomeritz, & environ huit cens hommes dans la Ville de ce nom, aux ordres de Mr. le Marquis d'Armentiéres, le tout pour favoriſer le paſſage du peu de vivres que Mr. le Comte Deſalleurs, Miniſtre de France en Saxe, envoyoit à la Garniſon de Prague. Mr. le Prince de Lobkowitz, détaché par le Prince Charles pour bloquer cette Capitale, envoya le Comte Wenceſlas Wallis avec cinq mille hommes & du canon pour chaſſer les François de Léthomeritz. La choſe n'étoit pas bien difficile. Léthomeritz n'a aucune fortification, & tout ce que les François y avoient pu faire pour ſe couvrir, c'étoit quelques traverſes dans un méchant foſſé ſec plus d'à-demi comblé ; & pour ſurcroit de malheur ils n'avoient pour toutes armes que leurs fuſils & leurs bayonnettes, pas un ſeul canon ni mortier. Néanmoins quand le Comte de Wallis les fit ſommer de ſe rendre, ils répondirent qu'ils vouloient ſe défendre ; & ils ſe défendirent en effet durant ſix jours, au bout deſquels ils furent contraints de céder à des forces ſi ſu-

pé-

périeures, & de figner une Capitulation, qui portoit en fubftance :

1. Que la Garnifon fe rendroit prifonniére de guerre. 2. Qu'elle fortiroit par la Porte-neuve avec tous les honneurs militaires, & mettroit enfuite bas les armes. 3. Que les Officiers conferveroient leurs équipages. 4. Qu'on ne prendroit au Soldat, depuis le Ser-gent, que les armes. 5. Qu'on fourniroit la fubfiftance aux malades que la Garnifon feroit obligée de laiffer en arriére. 6. Que la Gar-nifon feroit efcortée par des Troupes réglées, & non par des Milices Hongroifes, ni des Croates. 7. Que les Officiers des vivres, les Charretiers, ainfi que les Officiers de l'Hôpi-tal, Chirurgiens, Apoticaires, fuivroient la Garnifon; mais qu'il feroit pourtant permis d'en laiffer quelques-uns pour le fervice des Malades. 8. Que la Garnifon ne feroit pas conduite en Hongrie. 9. Que le jour étant trop avancé pour évacuer la Ville le 25. de Novembre, on l'évacueroit le 26. à huit heu-res du matin. 10. Qu'on accordoit à la Gar-nifon de prendre les provifions néceffaires pour quatre jours, favoir une livre de viande, une ration de pain, & deux livres de ris par hom-mes. 11. Qu'on permettroit aux Officiers de s'en aller fur leur parole (*Cet article étoit remis à l'approbation de Mr. de Lobkowitz.*) 12. Qu'on ordonneroit douze chariots pour le tranfport des équipages. 13. Que la Garnifon remettroit les Magazins dans l'état où ils étoient, fans au-cune exception. 14. Que la Garnifon de Tefchen ne dépendant point de celle de Léthomeritz,

N 4

on

on ne pouvoit s'engager à rien par rapport à elle.

Les Huffars, que le Prince Charles avoit laiffé aux environs de Prague pour tenir cette Ville bloquée, avoient été fort mal menés par les François, qui les avoient chaffés de tous leurs poftes avec perte, & obligés de s'éloigner à plus de fix lieues de Prague. Ce fuccès avoit favorifé l'entrée de quelques provifions; mais le Prince de Lobkowitz, étant venu avec près de vingt mille hommes, les affaires changérent de face. Les Troupes Françoifes poftées dans le Cercle de Léthomeritz, furent faites prifonniéres de guerre : la communication avec la Saxe fut entiérement coupée, les poftes abandonnés par les Huffars aux environs de Prague repris, & la Ville bloquée plus févérement que jamais.

On y eut bientôt confumé le peu de vivres qu'on y avoit amaffés. Il falut recommencer à faire fortir des détachemens, pour aller enlever tout ce qu'on pourroit trouver; mais que trouver au cœur de l'hiver dans un pays abandonné & ruiné? Il faloit fe chamailler avec l'Ennemi, & revenir fans rien apporter que des bleffures. Il faifoit un froid presqu'égal à celui de 1740. Le peu de bois qu'il y avoit à Prague avoit été bientôt confumé. Le Soldat tranfi de froid, & exténué de faim, avoit à peine la force de faire le fervice ordinaire.

La Cour de France, bien perfuadée de l'impoffibilité de conferver la Bohême depuis la retraite de Mr. de Maillebois, envoya enfin ordre à Mr. de Bellile d'évacuer Prague, & de

fauſauver l'Armée à quelque prix que ce fût. Ce Général cacha ſoigneuſement cet ordre, & fit au-contraire toutes les démarches néceſſaires pour perſuader à l'Ennemi qu'il comptoit de paſſer l'Hiver à Prague, & qu'il vouloit attendre que le retour de la belle Saiſon amenât qnelque changement favorable, moyennant quoi il pût ſortir ſans risque avec l'Armée, ou reſter avec quelque eſpoir de défendre un Pays ſi glorieuſement acquis. L'Ennemi n'eut pas de peine à donner dans ce panneau. Il n'imaginoit pas que des Troupes ſi fatiguées d'un Siége long & meurtrier, & qui avoient ſouffert toute ſorte de miſéres, puſſent entreprendre de traverſer au cœur de l'Hiver, & par un froid des plus aigus, une ſi longue étendue de pays, dont les habitans ne leur étoient pas affectionnés, & qui d'ailleurs n'étoient point en état de la favoriſer en rien, vu leur pauvreté & leur épuiſement. A peine un Corps de Cavalerie frais, & bien étoffé avec de bons logemens ſur la route, auroit pu entreprendre une telle marche. Comment ſoupçonner que des Cavaliers démontés, des Fantaſſins nuds, des Officiers ſans équipages, & tous enſemble ſouffrant la plus rude diſette, puſſent ſeulement en concevoir le deſſein, bien moins encore l'exécuter ?

Le Prince de Lobkowitz trompé par ces conſidérations, qui euſſent peut-être été infaillibles à l'égard d'une Nation moins ſenſible au point-d'honneur & à ſa gloire, & d'un Général moins ferme & moins réſolu que Mr. de Bellile, ne crut pas devoir faire périr ſes Troupes inutilement. Les environs de Prague

avoient

avoient été ruinés d'une façon qu'on peut appeller barbare. Les Huffars n'avoient que trop
bien exécuté les ordres du Grand-Duc, qui
portoient qu'on feroit le dégat dans les Villages à deux lieues à la ronde, pour que
l'Ennemi n'en pût tirer aucune efpéce de
fecours. Le trifte état où étoient ces Villages, joint au peu d'apparence que les Troupes Françoifes puffent entreprendre une retraite dans une Saifon auffi rigoureufe & fans
aucunes provifions, engagea le Prince de Lobkowitz à établir fes quartiers un peu loin de
Prague, & même en-delà de la Moldau vers
l'Orient, qui étoit le côté le moins ruiné. Il
ne laiffa que les Huffars de Feftititz poftés
dans des Villages à l'oppofite & un peu éloi-
gnés. Une autre chofe favorifa beaucoup Mr.
de Bellile : c'eft que les monceaux de glace
que la Moldau rouloit, faifant appréhender à
Mr. de Lobkowitz que les ponts de communication qu'il avoit fur cette Riviére, ne fuffent brifés ou emportés, il fut obligé de les
retirer, & on ne put enfuite les rétablir, fans
perdre des momens qui euffent pu être mieux
employés à la pourfuite de l'Ennemi. Mais
d'un autre côte cinq à fix mille Huffars pouvoient en moins de rien tomber fur les bras à
Mr. de Bellille. Ils voltigeoient fans-ceffe autour de Prague, & il étoit bien difficille de
leur dérober la connoiffance d'une telle entreprife. La nature elle-même fembloit s'y oppofer. Le froid étoit exceffif. La campagne
étoit couverte de neige & de verglas. Enfin
le chemin étoit long. On compte vingt mor-
telles lieues d'Allemagne de Prague à Egra par

le

le plus droit chemin. Il faloit, pour tromper l'Ennemi, prendre des détours & serpenter pour ainsi dire, ce qui allongeoit la route au moins d'un tiers. Il y a plus, il faloit traverser des montagnes & des vallons pleins de neige & de glace, paſſer des Riviéres dont l'Ennemi avoit détruit tous les ponts, & ſurmonter mille autres pareils obſtacles, ſans avoir qu'un peu de pain à manger & de l'eau gelée à boire.

Cependant tous ces obſtacles n'arrêtérent point le Maréchal, & quoique malade il entreprit & exécuta cette retraite, qui ſera peut-être un jour auſſi célébre que celle de ces dix mille Grecs dont la plume de Xénophon a immortaliſé le courage. Il y aura cette différence remarquable, que de ces dix mille le froid ne fit périr que deux hommes, & qu'ils n'eurent que quelques payſans à combattre; au-lieu que pluſieurs centaines de François ont péri par le froid bien autrement aigu en Bohême que dans la partie la plus ſeptentrionale de la Perſe, & qu'ils ont été continuellement aux mains avec des troupes bien plus féroces que les Soldats d'Artaxerxe. Une autre différence fort remarquable, c'eſt que les dix mille Grecs furent cent fois prêts de ſe révolter contre leurs Chefs, & les François n'ont témoigné que de l'obéiſſance, de la fermeté, de la patience.

Le Maréchal de Bellille, ayant tout diſpoſé pour faire ſon coup, & fixé ſa ſortie de Prague à la nuit du 16. au 17. fit courir le bruit qu'il ſe diſpoſoit à aller fourrager quelques Villages aux environs de Königſaal. Pour mieux cacher ſon jeu, il ordonna que les portes de la

Ville

Ville fuſſent ouvertes, & qu'on laiſſât entrer tout le monde; mais avec cette obſervation, qu'on ne laiſſeroit ſortir qui que ce fût, ſur peine de la vie. Cela n'empêcha pas que Mr. de Lobkowitz ne fût informé des diſpoſitions qu'on faiſoit, & les Bourgeois qui étoient tous autant d'eſpions, l'inſtruiſirent de tout, excepté du véritable but de ces préparatifs, parce qu'ils l'ignoroient. Tout ſe trouvant prêt, le Maréchal ne fit qu'une Colonne de toutes ſes troupes, qui montoient environ à quatorze mille hommes, & marcha fort ſerré pour protéger ſes bagages & l'artillerie. On ſortit par la Porte Caroline, & l'on marcha à gauche par des chemins détournés. Les Autrichiens ayant ruiné les grandes routes & détruit les ponts, il faloit chercher des ſentiers moins ruinés, & éviter les Riviéres. On traverſa d'aſſez grandes plaines, au bout deſquelles on entra dans des défilés très-rudes & très-difficiles. On paſſa par Cauditz, Deiſſing, Petſchau, Königswerth & Cauderbach. Les jours étoient courts, on les employoit à marcher, & on paſſoit la nuit ſous les armes dans la neige & la glace. Depuis le premier Officier juſqu'au dernier Soldat, tous ſouffroient également de la rigueur du froid, qui encore un coup étoit exceſſif. Il auroit falu avoir des corps de fer pour y réſiſter, ayant pour ſurcroit de maux, la faim, le ſommeil, & les Huſſars à combatre. Ceux-ci n'avoient pas tardé à paroître. Dès le premier jour ils avoient attaqué la queue & le flanc de la colonne, faiſant tous leurs efforts ponr pénétrer juſqu'au bagage du Maréchal, eſpérant de trouver l'ar-

gent

gent qu'il emportoit de Prague; mais ils ne purent se rendre maîtres que de quelques chariots de peu de conséquence. Après avoir marché quelque tems sur la gauche, on prit à droite. Le 25. on fit deux marches forcées, & le 26. on arriva à Egra. Pendant toute la route le Maréchal se faisoit tenir un traîneau tout prêt, pour pouvoir s'en servir en cas de besoin, & se porter plus facilement & à découvert dans les endroits où sa présence seroit nécessaire. Les douleurs d'un rhumatisme qu'il soufroit alors ne lui permettoient pas de se tenir à cheval, & il étoit obligé de se faire traîner en carosse.

Il seroit difficile d'imaginer un plus affreux spectacle, que celui qui s'offroit sur la route où cette Armée Françoise avoit passé: on y voyoit en plusieurs endroits des pelotons de cent, de deux cens tans Soldats qu'Officiers, les uns morts de froid, les autres engourdis ou perclus de leurs membres. Le Maréchal avoit laissé auprès de chaque peloton un Trompette pour engager les Ennemis à ne pas refuser à ceux qui vivoient encore les secours que l'humanité inspire. Une Lettre du Maréchal même achévera de mettre le Lecteur pleinement au fait de cette mémorable retraite.

,, Mr. de Broglio, dit-il, m'a remis le com-
,, mandement de l'Armée de Bohême le 27.
,, Octobre, n'ayant affaire alors qu'à trois ou
,, quatre mille Hussars ou Pandoures: mais je
,, n'ai pas jouï longtems de cette liberté; car
,, le Prince de Lobkowitz est arrivé à portée
,, de Prague le 9. Novembre avec treize Régi-
,, mens d'Infanterie, huit de Cuirassiers ou de
,, Dra-

,, Dragons, des Croates & des Huſſars ; ce qui
,, joint à ce qui m'environnoit déjà, a formé
,, un Corps de plus de vingt mille hommes.
,, J'ai été obligé d'abandonner ma communi-
,, cation avec la Saxe, & de replier tous mes
,, quartiers. J'avois mis à profit les jours de
,, liberté, ayant remonté près de deux mille
,, Cavaliers, Dragons ou Huſſars, dans ce
,, petit eſpace de tems ; ce qui m'a mis en
,, état de tenir la campagne, de faire des four-
,, rages, & d'amaſſer des ſubſtances. Je me
,, ſuis formé des attelages d'Artillerie & des
,, caiſſons pour les vivres. L'ordre du Roi
,, étoit que je profitaſſe de la premiére di-
,, verſion que feroit en ma faveur Mr. de
,, Broglio, dès qu'il auroit pris le comman-
,, dement de l'Armée du Danube, pour ra-
,, mener ici l'Armée de Prague. J'ai donc
,, travaillé à me mettre en état de pouvoir
,, marcher d'un moment à l'autre ; afin que,
,, ſi par des contretems cette retraite deve-
,, noit impoſſible, je puſſe faire ſubſiſter tou-
,, te l'Armée dans Prague juſques au Prin-
,, tems, afin de donner tout le loiſir à la
,, Cour par la négociation, & à nos Armées
,, par des coups de vigueur de nous déga-
,, ger. Cependant tout le mois de Novem-
,, bre s'eſt paſſé. J'ai enfin reçu deux ordres
,, conſécutifs de ramener l'Armée du Roi.
,, Imaginez-vous, Monſieur, ce que c'eſt que
,, de ſortir une Armée par deux portes d'une
,, Ville auſſi immenſe que Prague avec cinq ou
,, ſix mille chevaux d'équipage, des caiſſons,
,, & du pain pour douze jours, trente piéces
,, de canon, tout l'attirail, toute la poudre,
,, les

,, les bales & outils , &c. y ayant autant
,, d'Efpions fur mes démarches que d'habi-
,, tans ; le Prince de Lobkowitz n'ayant
,, d'autre objet que de m'affamer d'une part,
,, & de m'empêcher de rejoindre nos autres
,, Armées & Places de l'autre ; & ce qu'il y
,, a de pis , me trouvant actuellement perclus
,, de mon rhumatifme , & dans l'impoffibilité
,, abfolue de monter à cheval. J'ai mis en
,, œuvre toutes les rufes, précautions & in-
,, duftrie dont j'ai pu être capable , & fuis
,, parvenu à fortir de Prague comme fi j'al-
,, lois faire une expédition. J'ai dérobé vingt-
,, quatre heures pleines au Prince de Lobko-
,, witz, qui n'étoit qu'à cinq lieues de moi.
,, J'ai percé fes quartiers, & j'ai traverfé dix
,, lieues de plaines , ayant à traîner tout l'em-
,, barras dont je viens de vous parler, avec
,, onze mille hommes de pied, & trois mille
,, deux cens cinquante chevaux, Mr. de Lob-
,, kowitz ayant huit mille chevaux & douze
,, mille hommes d'Infanterie. J'ai d'abord fait
,, une telle diligence, que je fuis arrivé aux
,, défilés avant qu'il ait pu m'atteindre ; & ce
,, qui a achevé le fuccès de l'entreprife, eft
,, que je lui ai caché le chemin que j'avois ré-
,, folu de prendre; car il avoit fait occuper tous
,, les défilés, & rompre les ponts des deux
,, chemins ordinaires les plus fréquentés, dont
,, l'un va paffer la Riviére d'Egra à Carlesbath
,, & de-là à Ellenbogen , &c. & l'autre plus à
,, gauche par Rakonitz , & tomber à côté de
,, Pilfen, & de-là fur Egra. Mes deux premiéres
,, marches ont femblé prendre ce fecond che-
,, min ; mais j'en ai pris un qui perce entre les
,, deux

,, deux autres , où je n'ai trouvé que les obfta-
,, cles de la Nature , & je fuis enfin arrivé ici
,, le deuxiéme jour fans échec , quoique j'aye
,, été continuellement harcelé des Huflars en
,, queue & fur les flancs. Je n'ai perdu que
,, ce qui n'a pu fupporter la fatigue & la ri-
,, gueur inexprimable du froid , qui ont été
,, l'un & l'autre au-delà de toute expreffion.
,, Je crois même qu'il y a peu d'exemples
,, qu'une Armée Françoife ait efluyé rien
,, de pareil.

,, Je compte , à vue de pays , qu'il a péri fept
,, ou huit mille hommes , morts dans les neiges
,, ou reftés hors d'état de pouvoir fuivre ; &
,, depuis trois jours que je fuis ici, en voilà plus
,, de cinq cens que l'on porte à l'Hôpital avec
,, des pieds & des membres gelés. Il a falu
,, marcher autant de nuit que de jour ; & com-
,, me le froid & la fatigue ont été communs,
,, les Officiers-Généraux n'ont pas été plus é-
,, pargnés que les autres. Les plus heureux
,, font ceux qui en font quites pour de gros
,, rhumes. Je fuis de ce nombre avec la fiévre,
,, qui ne m'a pas quité depuis fix jours ; ce qui
,, joint à mes autres infirmités & à l'état d'é-
,, puifement exceffif où je fuis de longue main,
,, m'a mis totalement à bout. Le courage de
,, l'efprit a pouffé ma machine au-delà de fes
,, forces , & je me trouve bien récompenfé par
,, le fuccès d'une entreprife la plus difficile &
,, la plus périlleufe , & vu toutes les circons-
,, tances la plus importante pour le fervice du
,, Roi & le bien de la Caufe commune. Je n'ai
,, été entamé nulle part. Je n'ai laiffé que ce
,, qui eft mort ou qui n'a pu fuivre. J'ai brulé
                                                ,, les

,, les voitures de vivres ou munitions à mesu-
,, re qu'elles se font rompues, en faisant distri-
,, buer les charges ; mais mes trente Piéces de
,, canon font ici, ainsi que tous les Corps de
,, l'Armée. Je les laisse ici reposer quelques
,, jours, après quoi je vais m'allonger dans le
,, Palatinat, où j'attendrai les ordres du Roi,
,, en réponse du Courier que j'ai dépêché à la
,, Cour pour apprendre mon arrivée.

,, Je dois ajoûter que pour assûrer le secret
,, de mon départ, faciliter ma premiére mar-
,, che, & pourvoir en même tems à la confer-
,, vation d'un fort grand nombre de malades
,, que j'ai laissé dans les Hôpitaux de Prague,
,, j'y ai laissé une Garnison de tout ce qu'il y
,, avoit de convalescens, de malingres & d'in-
,, firmes qui n'auroient pu supporter les fati-
,, gues de la marche, avec instruction à celui
,, que j'y ai laissé pour y commander de ce
,, qu'il avoit à faire pour obtenir la meilleure
,, Capitulation qu'il lui seroit possible huit ou
,, dix jours après mon départ. C'est ce qui a
,, été exécuté. J'apprens par un Officier qu'il
,, vient de me dépêcher, qu'il a capitulé le
,, 26. & obtenu tous les honneurs de la Guer-
,, re, & qu'il sera conduit ici avec tout ce qui
,, sera en état de marcher aux frais de la Rei-
,, ne de Hongrie jusqu'en cette Place.

C'est ainsi que le Maréchal de Bellisle parloit au Comte de Seckendorff dans la Lettre
qu'il lui écrivit d'Egra, & dont on vient de
lire l'extrait.

Les Autrichiens, & entre autres le Général
Festititz, faisoient monter dans leurs Lettres
la perte que les François avoient faite dans

cette retraite, jusqu'à cinq mille ; mais ils exagéroient, & il est vrai que le nombre des Officiers ou Soldats laissés en chemin étoit un peu plus grand que ne le croyoit Mr. de Belli-le, & qu'il montoit bien à douze cens hommes, dont quatre cens furent trouvés roide morts de froid, les autres seulement engourdis & perclus. Il en échappa peu de ces derniers ; les uns furent massacrés par les Hussars, les autres dépouillés jusqu'à la chemise, jettés sur de mauvais chariots de Paysan, dont la lenteur leur laissoit tout le tems de sentir la rigueur du froid, nuds & dénués de tout, conduits par des gens impitoyables, ils expiroient sur ces malheureuses voitures avant que d'arriver à un Village. On perdit à peine cinquante hommes dans les escarmouches qu'on eut en route avec les Hussars ; mais en revanche grand nombre de Soldats & d'Officiers épui-sés & gelés tombérent malades, & moururent à Egra & à Amberg ; desorte qu'à tout comp-ter, l'on peut bien dire que de toute cette Ar-mée il n'en revint guére plus de huit mille hommes en France. Mais ce n'est pas dequoi il s'agit, on ne nie point que vingt mille Fran-çois, & plus si l'on veut, n'ait péri en Bohê-me, mais il s'agit de savoir s'ils ont péri en lâ-ches ou en braves gens. Si la retraite de Frauen-berg, la défense de Prague, & enfin la mar-che de-là à Egra, font de ces traits qui illu-strent ou deshonorent une Nation, j'en fais juge tout Lecteur raisonnable & impartial. Ce qu'il y a d'étonnant, c'est qu'en tant de dif-férens combats qui se font donnés durant cet-te guerre de Bohême, les François n'ont perdu

du ni Drapeau, ni Etendard, ni Timballe, ni Canon; j'en excepte ceux que l'on a pris fur les Garnifons qu'on a contraintes à fe rendre prifonniéres de guerre.

Le Prince de Lobkowitz, piqué d'avoir été trompé par le Maréchal de Bellille, voulut d'abord courir après lui ; mais convaincu qu'il n'y avoit plus moyen de l'atteindre, il tourna fur Prague, dont il fomma le Commandant, nommé Mr. de Chevert. Celui-ci répondit qn'il rendroit la Place, mais que ce ne feroit qu'à des conditions honorables. Il avoit environ fix mille hommes, dont les deux tiers étoient malades; mais il menaçoit de mettre le feu à la Ville, & de s'enfévelir fous les ruines de Ratfchin plutôt que de foufcrire à une Capitulation honteufe.

Il avoit tout à craindre du courage d'un fi brave homme, d'ailleurs l'Armée & l'Artillerie Françoife, les deux grands objets des Anglois & de la Cour de Vienne, n'étoient plus dans Prague. A quoi bon rifquer le falut d'une telle Ville pour rien? On convint enfin de la Capitulation fuivante.

„ I. Aucun des habitans, qui font actuelle-
„ ment dans les Villes de Prague, ne feront
„ recherchés ni inquiétés fous quelque pré-
„ texte que ce foit, pour le ferment qu'ils ont
„ pu faire, ou pour avoir fervi l'Empereur &
„ fes Alliés, y ayant été obligés par force.
„ *Accordé.*
„ II. Tous les Officiers de l'Etat-Major, les
„ Officiers des Troupes autres que ceux de la
„ Garnifon Françoife, ou Impériaux & la Gar-
„ nifon, en l'état où elle fe trouve ainfi que

„ tout

,, tout ce qui en dépend au fervice de l'Em-
,, pereur & de Sa Majefté Très-Chrétienne,
,, fortiront avec armes & bagages & tous les
,, honneurs de la Guerre, & ne feront fujets
,, à aucun acte de reprefailles, de quelque
,, nature qu'il puiffe être, & fous quelque
,, prétexte que ce foit.

,, *Ce qui eft en état de marcher pourra for-*
,, *tir. Cela s'entend pour ce qui eft de la Gar-*
,, *nifon.*

,, III. La Garnifon emménera avec elle
,, tous les effets appartenans tant à Sa Maje-
,, fté Très-Chrétienne confiftant en quarante
,, pontons de cuivre fur hacquets de rechan-
,, ge, en dieux piéces de canon de fonte fur
,, leurs affuts armés, en deux piéces aux ar-
,, mes de Baviére & du Comte de Thöring,
,, & en quatre chariots d'Artillerie compofés
,, pour l'Infanterie.

,, *Les effets de toute efpéce, appartenans aux*
,, *Souverains, refteront à Prague. Ils feront*
,, *confignés à l'Officier - Royal qui en aura com-*
,, *miffion.*

,, IV. La Garnifon emménera pareillement
,, avec elle tous les grains, farines, pain, bif-
,, cuit, uftenciles de four & de magazins, &
,, généralement tout ce qui en dépend, ou-
,, tre fourrage, foin, paille, avoine, orge ou
,, feigle qui fe trouvetont dans les magazins.

,, *On pourvoira à la fubfiftance de la Garni-*
,, *fon pendant la marche, ainfi elle ne pourra*
,, *toucher ni aux grains ni aux farines, &c. du*
,, *magazin de Prague, lequel fera configné de*
,, *bonne foi.*

,, V. Elle emménera tous les équipages des
,, trou-

,, troupes des deux Nations alliées & des Of-
,, ficiers, tant abfens que préfens, leurs meu-
,, blés & effets, de quelque nature qu'ils foient
,, à eux appartenans, les armes dépofées aux
,, magazins, les habillemens faits ou en ba-
,, lots, les harnois & équipages de chevaux
,, de toute nature, tant de Troupes de Guerre,
,, que de l'Artillerie & des Vivres, foit uni-
,, formes ou autres, fans aucune diftinction.

,, *On ne touchera point aux équipages des Of-*
,, *ficiers; mais on fe promet qu'il n'y aura rien*
,, *d'autre mêlé parmi, qui ne foit en propriété*
,, *auxdits Officiers.*

,, VI. Tous les Papiers de la Caiffe Militai-
,, re, ceux de l'Intendance, ceux des Com-
,, miffaires de Guerre, ceux des Vivres, ceux
,, des Hôpitaux, & les Papiers de fourniffe-
,, ment de la viande, fortiront pareillement,
,, fous la conduite de ceux qui en font expref-
,, fément chargés.

,, *Accordé, moyenant une vifitation, & qu'il*
,, *n'y ait rien d'entremêlé parmi, qui foit au*
,, *préjudice de la Reine, ou des Etats du Royau-*
,, *me de Bohême.*

,, VII. Il fera fourni des chariots en nom-
,, bre fuffifant, attelés chacun de quatre che-
,, vaux, qui ne pourront être chargés de plus
,, de 12. à 1500. livres pefant pour le tranf-
,, port de tous les effets appartenans aux Al-
,, liés, foit en munitions ou en équipages,
,, lefquels chariots feront conduits jufqu'aux
,, lieux ci-après convenus, fur les frontiéres
,, du Palatinat. Il fera de-même fourni des
,, chevaux pour monter les Officiers, outre
,, ceux d'attelage qui feront néceffaires pour

O 3

,, les

„ les voitures à eux appartenantes, afin de
„ porter leurs équipages ou effets jusqu'aux
„ lieux convenus.

„ *On s'engage au transport de ces équipages*
„ *pour les Officiers qui sortent actuellement avec*
„ *la Garnison, & on permet aux Officiers de se*
„ *pourvoir de chevaux pour leur argent.*

„ VIII. Il reste sur les remparts de la Ville de
„ Prague 6. piéces de canon de 24. livres de
„ balle, avec leurs affûts & armement, des-
„ quelles il y en a une hors de service; 3. pié-
„ ces de 12. montées sur leurs affûts, avec
„ leurs armemens; un affût de rechange de
„ 24. avec son armement complet; 2. mortiers
„ de 12. pouces de diamétre, avec leurs af-
„ fûts & armemens complets; 3. mortiers de
„ 10. pouces & 6. lignes, lesquelles neuf pié-
„ ces de canon susdites sont de fonte; cinq
„ mortiers aussi de fonte, avec leurs affûts
„ & armemens, & un affût de rechange d'u-
„ ne piéce de 24. le tout appartenant à Sa
„ Majesté le Roi de Pologne, sans que sous
„ quelque prétexte que ce soit elles puissent
„ être retenues; devant au surplus être ga-
„ ranti qu'il n'en sera fait aucune répétition
„ envers Sa Majesté Impériale & Sa Majesté
„ Très-Chrétienne.

„ *Cet article n'est point accordé, parce que*
„ *nous n'avons rien à démêler avec Sa Majesté le*
„ *Roi de Pologne Electeur de Saxe.*

„ IX. Il sera libre à tous les Officiers Im-
„ périaux ou François qui sont prisonniers de
„ guerre & sur leur parole à Prague de sortir
„ avec la Garnison, sans que cela change rien
„ à leur condition.

Accordé.   „ X.

,, X. Tous les Malades ou Bleſſés, Em-
,, ployés, Domeſtiques, ou autres, Impériaux
,, ou François, qui ſe trouveront dans les Hô-
,, pitaux établis, ou dans des maiſons particu-
,, liéres, ſeront & demeureront libres après
,, leur convaleſcence, & ils ſeront conduits
,, en toute ſûreté au lieu convenu, par la
,, même route qu'aura tenu la Garniſon, &
,, avec des Officiers de leur Nation. Il leur
,, ſera fourni les chevaux, chariots, ou voitu-
,, res en nombre ſuffiſant pour leur tranſport &
,, celui de leurs effets. La ſubſiſtance qui
,, leur eſt néceſſaire, leur ſera préparée &
,, fournie dans les lieux de leur route en pa-
,, yant de gré à gré.

,, *Tous les malades & ceux qui ne ſont point en*
,, *état de marcher avec la Garniſon, ſeront pri-*
,, *ſonniers de guerre, tant Officiers que Sol-*
,, *dats.*

,, XI. Il ne ſera point touché aux vivres, mé-
,, dicamens & autres proviſions de toute natu-
,, re, faites pour l'aproviſionnement & pour
,, l'entretien des malades & bleſſés, non plus
,, qu'à tous les Officiers, Commis principaux,
,, Employés & Domeſtiques, actuellement
,, propoſés pour en avoir ſoin. Il leur ſera
,, fourni au-contraire, en payant, toutes les
,, choſes dont ils pourroient manquer & avoir
,, beſoin, juſqu'au tems de leur parfaite gué-
,, riſon & de leur départ, & juſqu'à ce qu'ils
,, ſoient rendus au lieu où ils doivent être
,, conduits en toute ſûreté, lequel aura été
,, convenu ſur la police du Commiſſaire des
,, Guerres François & autres Employés, aux-
,, quels toute liberté & ſûreté ſeront accordées

O 4

,, pour

„ pour exercer leurs fonctions. Il leur sera
„ fourni des logemens pour y établir les ma-
„ lades convalefcens, à mefure qu'ils feront
„ en état d'évacuer les Hôpitaux de la Ville.
„ La maifon des Invalides eft très-convena-
„ ble pour un pareil dépôt.

„ *On aura tout le foin imaginable des malades.*
„ *Les Chirurgiens & les Commiffaires qu'on laiffe-*
„ *ra avec eux, n'auront qu'à s'adreffer au Com-*
„ *miffaire de Sa Majefté la Reine, pour avoir*
„ *tout ce dont ils auront befoin; ce qui fera ce-*
„ *pendant pour leur compte.*

„ XII. Il fera libre aux Officiers employés,
„ & à tous autres étant à la fuite des trou-
„ pes, de faire des dépôts dans la Ville de
„ Prague, de tous les effets, agrêts de tou-
„ te nature, équipages, bagages & voitures,
„ qu'ils ne pourront amener avec eux, & lef-
„ quels feront retirés dans une faifon conve-
„ nable.

„ *Accordé, à leurs dépens. On laiffera des*
„ *Commiffaires pour régler le payement de tou-*
„ *tes les dettes vérifiées contractées par les Offi-*
„ *ciers.*

„ XIII. Les Officiers de l'Etat-Major, ceux
„ de la Garnifon & autres, employés à la fuite,
„ domeftiques & tous autres encore, Impéri-
„ aux ou François, fortiront de Prague le 15.
„ Janvier, attendu la difficulté d'affembler les
„ chofes néceffaires pour leur marche & le
„ tranfport de tous les effets. On tiendra la
„ route ci-après fur Egra, pendant laquelle il
„ fera fourni le logement, la paille, le bois. De
„ Horfelitz à Béraun, où il y aura féjour. De
„ Zébrack à Mouth, & de-là à Rockizan, pour
„ fe

,, se rendre à Pilfen, où il y aura auffi féjour.
,, Enfuite par Orleun, Miede, Czerlin & Plaua,
,, où il doit encore y avoir féjour. La derniére
,, route par Sandau à Egra. Il fera donné un
,, Officier avec une efcorte, qui affurera ladite
,, Garnifon & fa fuite, les effets & équipages,
,, contre toutes hoftilités. Et du jour de l'Acte
,, d'évacuation convenu, il fera libre à tous les
,, gens de la campagne d'apporter leurs den-
,, rées dans la Ville de Prague, fans être in-
,, quiétés en façon quelconque. De - même,
,, tous actes d'hoftilité cefferont de part &
,, d'autre jufqu'à ce que la Garnifon ait joint
,, l'Armée du Maréchal de Bellille.

,, *On pourvoira immédiatement à un nombre*
,, *fuffifant de chariots pour emmener les équipa-*
,, *ges. La Garnifon fortira dès le 2. Janvier* 1743.
,, *Mais pour fûreté de ce Traité,* on fera l'éva-
,, *cuation de la Citadelle, ou du nouveau château*
,, *nommé Wischerad le* 28. *Décembre, & il fera*
,, *occupé par le Général Prince Picolomini, avec*
,, *un Bataillon & quatre Compagnies de Grena-*
,, *diers, fans cependant qu'aucun de ceux-là paf-*
,, *fent les portes pour entrer dans la Ville. Au-*
,, *refte la Garnifon fortira par la Porte appellée*
,, *de Strohoff.*

,, XIV. Les Troupes de la Reine ne pour-
,, ront entrer & prendre pofte dans la Ville de
,, Prague, que fix heures après que la Garnifon
,, l'aura évacuée. Il ne fera pas permis non plus
,, à des particuliers, quoique ne formant pas de
,, troupe, d'y entrer avant ce terme. Il fera
,, laiffé des Commiffaires des Guerres & d'Ar-
,, tillerie qui feront les vérifications des effets

O 5   ,, com-

,, compris dans les états de munitions de la
,, Place. Mr. de Chevert a les pouvoirs les
,, plus étendus pour procurer le retour des ôta-
,, ges qui ont été emmenés de Prague, & lequel
,, ne fera différé, après la fignature de l'Acte
,, d'évacuation, qu'autant de tems qu'il fau-
,, dra pour les traduire en toute fûreté dans la-
,, dite Ville de Prague, lorfque la Garnifon
,, fera rendue hors du Royaume de Bohême.

,, *Il eft très-peu important* qu'après que la *Gar-*
,, *nifon fera fortie, les Troupes de la Reine en-*
,, *trent une ou fix heures après ; mais il eft nécef-*
,, *faire que les Officiers & Commiffaires de Sa Ma-*
,, *jefté commandées pour faire les inventaires &*
,, *recevoir les effets dans les magazins de guerre*
,, *& de vivres, où tout fera fidélement configné,*
,, *entrent dans Prague le* 30. *de ce Mois,* jufqu'au-
,, quel tems *on s'attend que rien de ce qui regar-*
,, *de lesdits effets, dépendans de l'Artillerie, pon-*
,, *tons ou vivres, ne fera aliéné ni détourné. La*
,, *route de la marche fera ainfi que Mr. de Che-*
,, *vert le fouhaite, horsque la Garnifon ne touche-*
,, *ra point la Ville de Pilfen , mais elle fera féjour*
,, *en quelque endroit des environs. Toutes les*
,, *hoftilités cefferont, mais il ne fera permis à qui*
,, *que ce foit d'apporter des denrées dans la Pla-*
,, *ce avant l'évacuation. Mr. de Chevert aura*
,, *la bonté de donner fa parole d'honneur pour*
,, *le retour des ôtages de la Ville de Prague. Il*
,, *aura auffi celle d'en donner avis au Maréchal*
,, *de Bellifle, auffitôt qu'il fera forti de Prague,*
,, *afin que ce Général faffe relâcher les Seigneurs*
,, *qui font au nombre de ces ôtages.*

,, Madame la Comteffe de Baviére refte à
,, Prague avec un fils au berceau. Sa naiffance,
,, fon

,, fon âge, fon état l'exemtent d'être comprife
,, dans un Traité. Mr. le Prince de Lobkowiz
,, eft prié de trouver bon qu'elle demeure libre
,, de partir, quand bon lui femblera, avec tou-
,, te fa fuite, & fans aucune difficulté, & qu'au
,, furplus il lui foit donné toute affiftance pour
,, le tranfport de fes équipages, avec efcorte.
,, *Madame la Comteffe de Baviére fera refpectée*
,, *de nos Troupes comme de celles de France, &*
,, *cette Dame prendra fes commodités, comme elle*
,, *le jugera à propos.*

De Chevert, *Brigadier*
des Armées du Roi.
Le Prince de Lobkowitz
Feld-Maréchal.

Mr. le Maréchal de Bellille avoit pris, en for-
tant de Prague, la fage précaution d'emmener
quarante ôtages des plus diftingués des trois E-
tats, & des plus attachés à la Reine de Hongrie.
Les principaux étoient le Comte Retfchinski
Grand-Prévôt du Chapitre de l'Eglife Cathédrale, le Pére Péter Recteur du Collége des Jé-
fuites de la vieille Ville, le Pére Schindler Recteur du Collége de la Ville neuve, le Comte
Philippe de Collowrath, le Comte de Pachta,
le Comte de Wratiflau, Mr Grafenftein Af-
feffeur du Tribunal du Grand-Bourgrave, Mrs.
Agricola, Neuperg, Nell & Bruckholtz,
Confeillers de la Chambre des Appels; le
Banquier Sich, le Jouaillier Harthmann, le
Chirurgien Köhler, le nommé Kretfchmer
Aubergifte de l'Auberge appellée *le Tonneau*
d'or, & plufieurs autres avec deux Rabins &
deux Banquiers Juifs. De ces quarante ôtages,

il y en eut un qui périt de froid, quelques autres en furent dangereusement malades.

En arrivant à Egra plusieurs Soldats & Officiers moururent pour s'être trop tôt approchés du feu; d'autres devinrent prodigieusement enflés. Il falut couper des bras & des jambes à quelques-uns. En un mot, on n'a jamais rien vu de plus affreux que les différens effets que produisirent sur ces troupes tant de souffrances & de fatigues. Plusieurs de ceux qui étoient arrivés sains & saufs à Egra, moururent de la fiévre chaude à Amberg, après un long & cruel délire qui tenoit de la rage.

Telle fut la fin du fameux Siége de Prague, pendant lequel les Assiégeans tirérent six mille coups de canon, & jettérent trois mille six cens bombes; siége qui couta bien de l'argent à la Reine de Hongrie, & qui fit un honneur que je ne crois pas que personne ose contester aux Troupes Françoises. Elles y perdirent beaucoup de braves gens, & ces vieilles Légions qui avoient traversé l'Allemagne, y furent presqu'entiérement fondues. Du côté des Autrichiens la perte ne fut pas petite, & ce siége leur couta près de dix mille hommes, sans qu'ils pussent venir à bout de faire une bréche tant soit peu passable, ni de joindre leurs paralléles. Cependant il faut convenir qu'ils se comportérent avec beaucoup de bravoure dans les différentes sorties que la Garnison fit sur eux, & il n'en faloit pas peu pour arrêter l'impétuosité d'un Ennemi audacieux, dont l'ardeur naturelle étoit considérablement augmentée par le désir d'échapper à la honte d'être faits prisonniers de guerre.

guerre. Il n'y eut que les Malades qui se trouvérent en affez grand nombre à Prague, lors de la Capitulation, qui subiffent cette dure loi. Dans la fuite le nombre des Prifonniers François, y compris ceux qu'on avoit pris dans le Cercle de Léthoméritz, s'eft trouvé monter à plus de douze mille ; & malgre le Cartel qui avoit été conclu en Bohême entre les deux Nations, ils ont été envoyés en Hongrie, d'où quelques-uns fe font fauvés en Turquie, quelques autres font morts de miféres, & le plus grand nombre a pris parti dans le peu de Troupes que l'on a laiffées en Hongrie pour la garde de ce Royaume. Ces Prifonniers ont été fouvent expofés à d'étranges incartades de la part de Mrs. les Huffars. Je me fouviens à ce propos qu'étant à Olmutz, lorfque Mentzel y étoit avec fa femme, il invita à diner quelques Officiers du Régiment de la Fére qui avoient été pris dans le Cercle de Léthoméritz. Il me fit l'honneur de m'inviter auffi, & comme Mr. le Colonel n'entendoit pas la Langue Françoife, je leur fervois d'interpréte à tous. Sur la fin du repas, Mentzel s'avifa de faire apporter quelques Croix de St. Louis, parmi lefquelles il y en avoit deux qui paroiffoient avoir appartenu à quelques Commandeurs ou Grands-Croix. Après qu'il eut étalé ces trophées de fa bravoure, il demanda à ces Officiers, s'ils ne croyoient pas qu'il pût faire un Chevalier de St. Louis, fans être Roi de France. Ils lui répondirent d'un air dédaigneux, qu'il pouvoit faire ce qu'il voudroit. Sur cela Mentzel fe leva, mit une de ces

Croix

Croix à un laquais crasseux qui servoit à table, & lui dit qu'il le faisoit Chevalier de St. Louis. Les Officiers en question me firent entendre qu'ils étoient bien étonnés qu'on les invitât pour leur donner une mortification aussi grossière, & pour les rendre témoins d'une scéne aussi impertinente qu'incivile. J'ai cru devoir ajoûter ce dernier coup de crayon, pour achever le portrait d'un homme qui a fait tant de bruit, & pour faire comprendre le desagrément qu'il y a d'être prisonnier.

Après la retraite totale des Troupes Françoises, tout fut tranquille dans Prague, excepté ceux qui avoient paru attachés à l'Empereur. On établit un tribunal contre ceux de ce parti, qui fut bientôt dissipé, les principaux ayant d'abord été enlevés & menés en Hongrie. On défendit d'avoir aucun commerce ni avec les François ni avec les Impériaux. Le jeune Prince de Mansfeld, pour être venu chez le Grand-Bourgrave avec une cocarde blanche, reçut les plus cruels traitemens de la part d'un Lieutenant de Hussars, qui s'excusa sur ce qu'il l'avoit pris pour un Officier François, quoique le Prince lui eût dit son nom.

Il ne restoit plus aux François dans toute la Bohême que la Forteresse d'Egra, & il ne me reste plus pour finir l'Histoire de cette guerre, qu'à raconter quel fut le sort de cette Place, & par occasion quelques événemens remarquables arrivés durant le blocus d'Egra.

Le Prince de Lobkowitz avoit reçu ordre de quiter la Bohême & de s'approcher du Haut-Platinat avec son Armée, pour resserrer les François de ce côté-là, & leur couper la
com-

communication avec Egra & Amberg. Ce Général exécuta cet ordre, & posta ses troupes le long du Naab jusqu'à Kyrn, ce qui en effet empêchoit les François d'être informés de ce qui se passoit à Egra ; tout ce qu'ils en savoient, c'est que le Général Festititz s'étoit répandu avec ses Hussars autour de la Place, & la tenoit bloquée de façon qu'il n'y entroit presque rien. La Garnison étoit foible, & elle manquoit de tout. Le Maréchal de Broglio résolut de la ravitailler, & d'y jetter des Troupes fraîches. Il fit partir sous Mr. du Cayla dix Bataillons & trente Escadrons avec un Convoi considérable de munitions de bouche destiné pour Egra. Mr. du Cayla força quelques postes du Prince de Lobkowitz, & arriva heureusement près d'Egra, où il fit entrer son Convoi & quatre Bataillons ; & après avoir retiré l'ancienne Garnison, il revint sur ses pas sans le moindre accident, les Hussars & les Cuirassiers s'étant retirés à son approche des postes qu'ils occupoient sur sa route.

Cet avantage fut bientôt effacé par ceux que le Prince Charles remporta d'abord après. Pour bien comprendre la conduite de ce Prince, il faut se figurer une partie des Troupes Françoises sous Mr. de Broglo Général en Chef postées au Nord du Danube, le Comte de Saxe commandant celles qui étoient depuis Weichs jusqu'à Stadt-Am-Hoff: l'autre partie au Midi, le long de l'Iser: le Prince de Conti avec douze mille hommes à Landau, le Feld-Maréchal de Seckendorff avec le gros des Bavarois à Landshut, & le Général Minuzzi avec le reste à Erblach pour couvrir Braunau. Entre Braunau & Landau eſt le Château de Griesbach, & un peu plus bas un Bourg nommé Pfarrekirch. Les Autrichiens étoient maîtres du premier poſte; les François les en chaſſérent & y mirent une petite Garniſon. Le Partiſan La Croix étoit à Pfarrekirch avec ſa Compagnie Franche, & celles de du Moulin & Dulimont. Quelqu'Infanterie Françoiſe occupoit Eggenfeld & Thann. Tous ces poſtes n'étoient que pour aſſurer la communication avec le Corps du Général Minuzzi poſté avantageuſement près de Braunau, & pour favoriſer les ſecours qu'on devoit lui envoyer en cas d'attaque. Le Comte de Seckendorff connoiſſant la foibleſſe des Troupes qui occupoient ces petits poſtes, ne ceſſoit d'écrire aux Généraux François de les renforcer, leur prédiſant que lorſqu'ils y penſeroient le moins ces quartiers ſeroient enlevés, & Mr. de Minuzzi accablé par les forces ſupérieures de l'Ennemi. Tout cela ne ſervit de rien: les poſtes ne furent point renforcés, & les prédictions du Feld-Maréchal Impérial furent vérifiées. Un détachement de l'Armée du Prince Charles reprit Griesbach. De-là on marcha à Pfarrekirch, & on enleva le Capitaine La Croix, qui quoique ſurpris ſe défendit en vaillant homme; mais il falut céder au nombre, il fut bleſſé & pris avec tout ſon monde.

A cette nouvelle, les François abandonnérent Eggenfeld, Thann, & vinrent joindre le Prince de Conti, qui craignant que le Prince Charles ne marchât à Landau, abandonna ce poſte & ſe retira de l'autre côté de l'Iſer. Mais le Prince Charles n'avoit
d'au-

d'autre but que d'accabler le Général Minuzzi, & l'ayant mis hors d'état de pouvoir
être fecouru, il marcha à lui, le força dans
fon pofte avantageux, tailla en piéces tout
ce qui fit quelque réfiftance, prit Minuzzi
même prifonnier de guerre avec plufieurs
autres Généraux Bavarois; en un mot il
remporta une victoire complette & aifée,
grace à la mauvaife conduite de Mr. de Broglio, qui jaloux & ennemi fecret de Mr. de
Seckendorff, ne fut pas fâché de lui préparer la mortification de voir les Autrichiens
rentrer dans un Pays d'où le Feld-Maréchal
Impérial les avoit fi glorieufement chaffés.
Pour peu qu'il eût voulu agir de bonne foi,
il n'auroit pas négligé de faire renforcer les
poftes en queftion, & de fecourir efficacement
le Comte Minuzzi.

Il allégua divers prétextes pour colorer
fon procédé, & s'aboucha même avec Mr. de
Seckendorff, pour concerter les mefures les
plus propres à arrêter les progrès du Prince
Charles. Ils convinrent de fe joindre & d'a-
gir enfemble. Mais Mr. de Broglio ne fit pas
affez de diligence, & non feulement le Prince Charles eut le tems de faire inveftir Braunau, où s'étoient retirés les débris de l'Armée
de Minuzzi, mais auffi de prendre Bourghau-
fen au-deffous de Braunau.

L'attention de ce Prince étoit de fe mettre
entre Mrs. de Broglio & de Seckendorff, afin
d'achever de battre en détail les François &
les Bavarois, comme il avoit déjà commencé
à le faire. Dans cette vue il vint fe pofter

à Thann avec une partie de l'Armée, pendant que l'autre faisoit le siége de Braunau. De Thann il fit un gros détachement pour venir s'emparer de Dingelfing, poste important qui le rendoit maître de l'Iser. Les François y avoient une forte Garnison, & des ponts de communication.

Le Comte de Daun chargé de cette expédition s'approcha de Dingelfing avec environ neuf mille hommes, la plupart Croates & Pandoures. Il fit d'abord sommer le Marquis du Châtelet, qui commandoit dans ce poste, & qui répondit qu'il vouloit mériter l'estime de Mr. le Comte. Mr. Phelippes, Lieutenant-Général qui étoit aux environs de Dingelfing avec quatorze Bataillons & douze Escadrons, ne jugea pas à propos de se mesurer avec le Comte de Daun, & dès qu'il eut avis de son approche il passa de l'autre côté de la Riviére, où il s'arrêta pour favoriser la retraite de la Garnison au cas qu'elle ne pût se soutenir. Après quelque résistance, les Troupes de la Reine plantérent leurs échelles & emportérent la Place d'assaut. Tout fut d'abord passé au fil de l'épée, Bourgeois & Soldats. Les bombes avoient déjà embrasé une partie de la Ville, & le feu avoit dejà fait périr bien des innocens. La Garnison se sauva par les ponts qu'elle avoit sur l'Iser, & joignit Mr. Phelippes après avoir brulé & détruit ses ponts. Mr. de Daun eut bien de la peine à faire cesser le pillage & à éteindre le feu. De-là ce Géneral marcha à Landau qu'il prit de la même maniére, & qui fut traité

de-

de-même. La Garnison Françoise, que le Prince de Conti y avoit laissée en se retirant, se sauva après quelque résistance. Le feu prit à la Ville, on ne sait comment : les Autrichiens disent que ce furent les François qui l'y mirent en voulant détruire leur magazin, & les François prétendent que ce furent les Croates. Il seroit malaisé de décider lequel des deux parties a raison, je crois même qu'il est très-difficile, même à ceux qui ont été le plus à portée, de décider par qui est venu cet accident. Ce qu'il y a de sûr, c'est que beaucoup d'habitans périrent dans les flammes, & que le reste fut réduit à la dernière misère. Il n'est pas moins vrai que les Autrichiens faisoient courir plusieurs bruits desavantageux aux François pour les rendre odieux aux Bavarois, & augmenter la mesintelligence qui étoit entre les deux Nations. Ils avoient leurs raisons pour en user ainsi, & moi j'en ai de fort bonnes pour laisser au Lecteur la liberté de croire tout ce qu'il voudra.

Pendant que le Prince Charles poussoit si vivement les François & les Bavarois, l'Empereur étoit à Munich, où il étoit venu de Francfort, pour relever par sa présence le courage abattu de ses Peuples. A la nouvelle des progrès de ses Ennemis, ce Monarque ne se crut pas en sûreté. Il quitta sa Capitale & sortit entièrement de son Electorat pour se rendre à Augsbourg, d'où les nouveaux progrès du Prince Charles les chassèrent ensuite.

　　　　　　　D'un

D'un autre côté la Reine de Hongrie se faisoit couronner Reine de Bohême à Prague, où elle apprit toutes ces bonnes nouvelles avec les sentimens qu'on peut s'imaginer.

Le Prince Charles se vit en fort peu de tems, non seulement maître de l'Inn & de l'Iser, mais encore du Naab, le Prince de Lobkowitz ayant obligé le Comte de Saxe à abandonner Amberg, Bourglenfeld, Régenstauff, Sadt-am Hoff, & à se replier vers le Danube.

Le Maréchal de Broglio se doutant bien que le dessein du Prince Charles étoit de passer ce Fleuve, avoit rassemblé la plus grande partie de ses forces, pour empêcher ce passage ; le reste de ses troupes étoit le long de l'Iser, & faisoient mine de vouloir aussi défendre le passage de cette Riviére. Mais ils n'y réussirent pas ; les Troupes de la Reine passérent l'Iser & le Danube sans la moindre résistance de la part des François, qui se retiroient d'un côté, & les Impériaux de l'autre.

Pendant que cela se passoit, le Maréchal de Noailles s'étoit approché du Mein, pour observer les Autrichiens, Anglois, Hannovriens & Hessois qui s'étoient avancés aux environs de Francfort, menaçant la Lorraine & la Baviére. Le dessein de Mr. de Noailles étoit de couvrir la Lorraine, & de favoriser le retour de Mr. de Broglio, qui, ayant fait savoir à la Cour qu'il ne pouvoit plus se soutenir en Baviére, avoit reçu ordre de revenir en France. Mr. de Noailles fit un Détachement

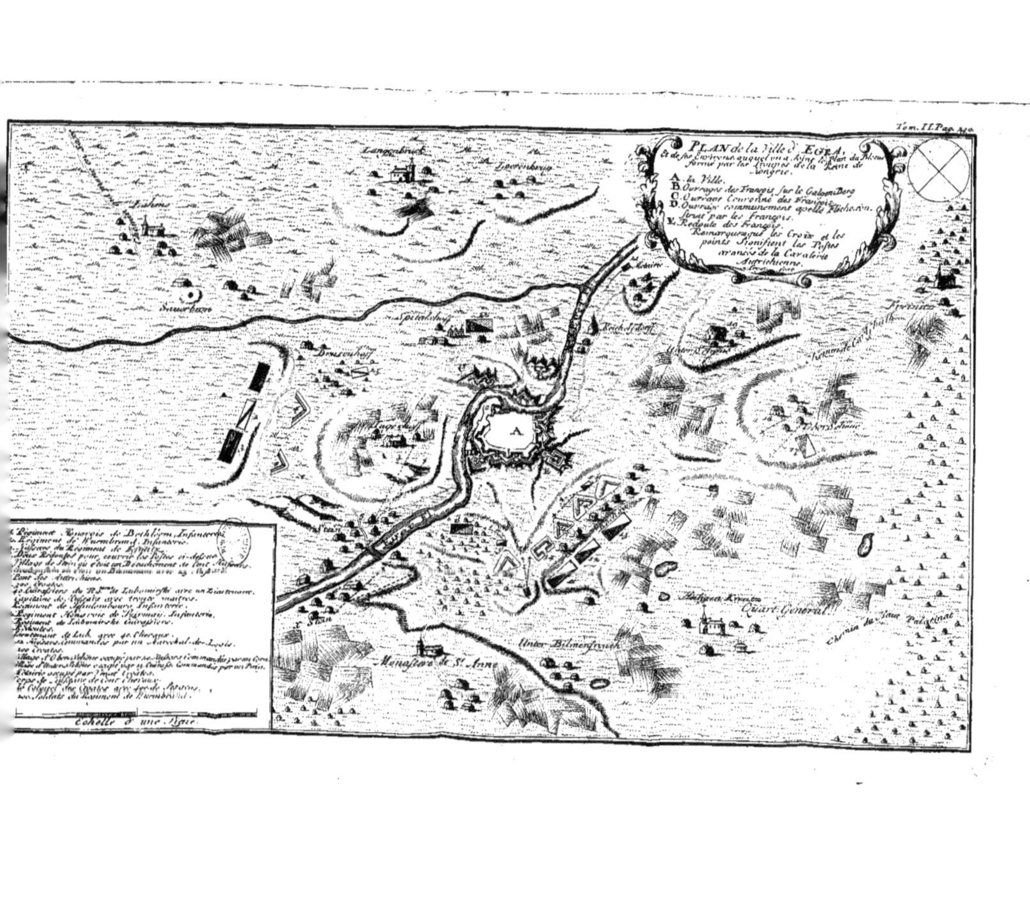

Tom. II. Pag. 240.
PLAN de la Ville d'EGRA
et de ses Environs auquel on a joint le Plan du Blocus
formé par les Troupes de la Reine de Hongrie.
A. la Ville.
B. Ouvrages des François sur le Galgenberg
C. Ouvrage Couverture des François.
D. Ouvrage communement apellé Flechette. Serré par les François.
X. Redoute des François.
Remarque que les Croix et les points Ronsisent les Postes
avancés de la Cavalerie Autrichienne.
Langenbruck
Lowrichsbrug
Frohna
Sauerbrunn
Spitalschef
Reichsdorf
Brausenhoff
Jagerhof
Iprenitz
Tirschnitz
Klein
Unter Bilnerbruch
Monastère de St. Anne
Quart General
Chemin de Neue Palatinat
Echelle d'une Ligue

ment de douze mille hommes, sous les ordres de Mr. de Ségur, le même qui avoit rendu Lintz. Ce détachement traversa la Franconie & la Suabe, & se posta sur le Schellemberg, lieu fameux près de Donawerth. Les François fuyoient de tous côtés en Baviére devant les Autrichiens, & l'on ne peut nier que la mauvaise manœuvre de Mr. de Broglio n'en fût la principale cause. Sa négligence alla si loin, que l'Empereur le soupçonna d'avoir voulu sacrifier ses Troupes Bavaroises & ses Etats héréditaires aux motifs de haine & de jalousie qui l'animoient contre Mr. de Seckendorff. Mr. de Broglio n'a jamais eu une fort grande réputation : l'affaire de la Secchia, où par négligence il laissa égorger quatre mille hommes des meilleures troupes de France, cette affaire, dis je, le rendit fameux : auparavant il n'étoit presque pas connu. Il avoit assez bien effacé le souvenir de cette funeste époque, par sa conduite en Bohême; mais celle qu'il tint en Baviére renouvella les anciennes idées, & tout le monde raisonnable convint que jamais Général n'avoit moins mérite d'être appellé *le Turenne de ce Siécle.* Je me flatte de n'être pas de ceux qui ne jugent du mérite d'un Capitaine, que par les succès qui accompagnent ses entreprises. Je laisse à part les événemens; je n'examine que les mesures & la conduite. C'est-là ce qui détermine l'estime ou le mépris que j'ai pour un Chef d'Armée. Tout bien considéré, il me paroît qu'il y a eu, ou beaucoup d'incapacité, ou beaucoup de mau-

 vaise-

vaiſe foi dans le fait de Mr. de Broglio pendant la campagne de 1743.

Ce Général ſe retiroit en hâte ſous le canon d'Ingolſtadt, d'où il ſe porta du côté de Donawerth, pendant que le Comte de Seckendorff alloit chercher chez les Cercles de l'Empire un aſyle pour les triſtes reſtes de l'Armée Impériale. Toute la Baviére retomba de-nouveau au pouvoir des Autrichiens. Ils prirent Deckendorff, Landshut, Braunau, Straubingen, Munich & Kelheim. Il ne reſtoit plus à l'Empereur qu'Ingolſtadt & Donawerth avec le Château de Rothemberg. Ce Monarque ne ſe crut pas en ſûreté à Augsbourg. Il en partit le 26. de Juin, & reprit la route de Francfort. Il apprit ſur ſon chemin la nouvelle de la Bataille de Dettingen. Comme j'en ſai des particularités que le Public ignore, & que j'en ai entendu faire des rélations très-différentes de celles qu'on a vues dans les Gazettes aux principaux Généraux Anglois, Autrichiens & Hannovriens, & qu'un des meilleurs Ingénieurs de l'Armée des Alliés m'en a fourni un plan exact, je m'arrêterai un moment pour en faire le récit, & donnerai en même tems une copie du plan.

L'Armée alliée étoit campée ſur deux lignes ſur la rive droite du Mein, & le Roi d'Angléterre qui y étoit arrivé depuis peu, avoit établi ſon quartier-général à Aſchaffenbourg, Ville appartenant à l'Electeur de Mayence. Le terrain que l'Armée alliée occupoit, étoit reſſerré d'un côté par le Mein,

&

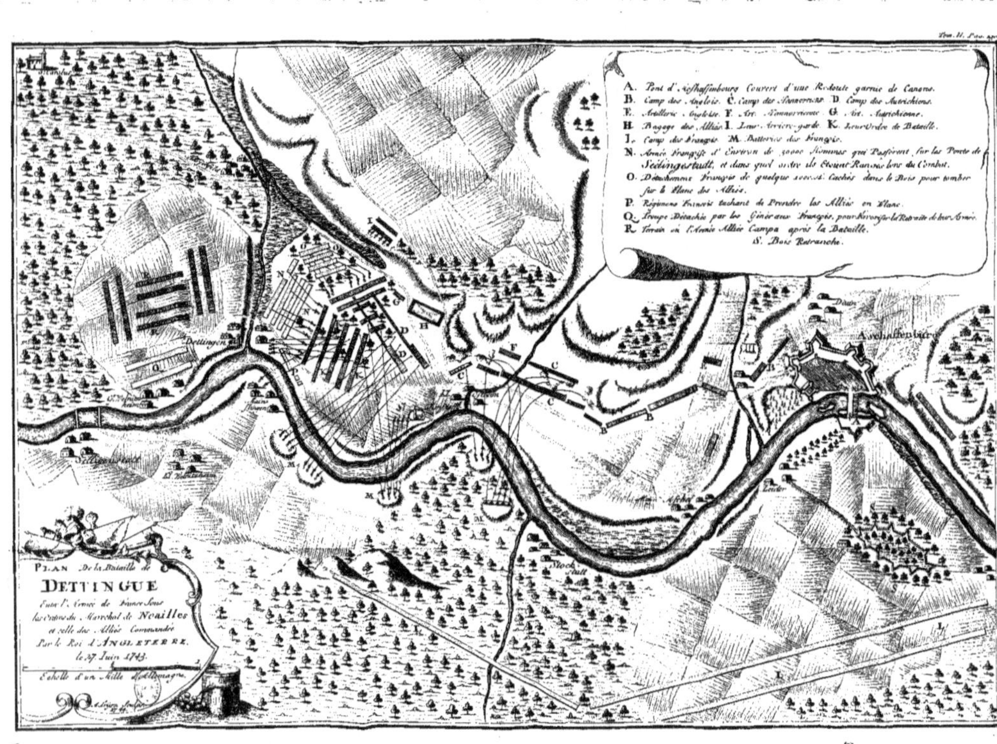

A. Pont d'Aschaffenbourg Couvert d'une Redoute garnie de Canons.
B. Camp des Anglois. C. Camp des Hannovriens. D. Camp des Autrichiens.
E. Artillerie Angloise. F. Art. Hannovrienne. G. Art. Autrichienne.
H. Bagage des Alliés I. Leur Arriere-garde K. leur Ordre de Bataille.
L. Camp des François. M. Batteries des François.
N. Armée Françoise d'Environ de 30000 Hommes qui Passerent sur les Ponts de Seeligenstadt, et dans quel ordre ils Etoient Rangés lors du Combat.
O. Détachement François de quelque 2000 cachés dans le Bois pour tomber sur le Flanc des Alliés.
P. Régimens François tachant de Prendre les Alliés en Flanc.
Q. Troupe Détachée par les Généraux François, pour favoriser la Retraite de leur Armée.
R. Terrain ou l'Armée Alliée Campa après la Bataille.
S. Bois Retranché.

PLAN De la Bataille de
DETTINGUE
Entre l'Armée de France sous
les ordres du Marechal de Noailles
et celle des Alliés Commandée
Par le Roi d'ANGLETERRE.
le 27. Juin 1743.
Echelle d'un Mille d'Allemagne.

& de l'autre par une chaîne de collines hautes & couvertes de bois. Cette Armée n'avoit point de magazin. Elle tiroit sa subsistance de la Franconie, & le Prince George de Hesse étoit près de Hanau avec un Corps de Troupes Hessoises & Hannovriennes pour favoriser le transport des vivres qui venoient de ce côté-là.

Le Maréchal de Noailles étoit de l'autre côté du Mein. Son Armée, pour le moins aussi forte & aussi belle que celle du Roi d'Angleterre, s'étendoit depuis Sélingestadt sur la gauche, jusqu'à un hameau au-dessous d'Aschaffenbourg sur la droite. Les deux Armées étoient séparées par le Mein. Les Anglois étoient maîtres du pont d'Aschaffenbourg couvert d'une redoute, & les François en avoient deux à Sélingestadt.

L'attention de Mr. de Noailles étoit d'affamer l'Armée Angloise. Pour cet effet il fit tirer un retranchement dans un Bois vis-à-vis d'Aschaffenbourg, ce qui rendit le pont de cette Ville inutile à l'Ennemi, & le masqua entiérement. Il posta un gros détachement à Miltenberg, Bourg situé à quelques lieues au-dessous d'Aschaffenbourg. Il mit quelques Compagnies dans le Village de Leider sur la gauche du Bois retranché, ses piquets étoient tout proche du Mein, & ses partis passant cette Riviére sur les ponts de Sélingestadt enlevoient tout ce qu'ils rencontroient. De cette maniére l'Armée Angloise ne tiroit presque plus de vivres de la Franconie, & ne pouvoit subsister dans la position où elle étoit.

P 4

Le

Le Roi d'Angleterre, convaincu de la nécessité de chercher une situation plus favorable, assembla à Aschaffenbourg son Conseil
de guerre. Tous les Généraux furent d'avis
de décamper, & de s'approcher de Francfort.
Là-dessus les ordres furent donnés pour marcher vers Hanau, où le Prince George étoit
avec une partie des Hannovriens & les Hessois.

Mr. de Noailles avoit bien prévu que l'Ennemi prendroit ce parti, comme le seul propre
à rémédier à la disette qui régnoit dans leur
camp. Il forma là-dessus un des plus beaux
plans dont on ait ouï parler depuis longtems,
mais qui ne réussit pas par la présomtion &
l'indocilité d'un de ses Généraux, qui gâta
tout & sauva l'Armée Angloise du plus éminent danger où jamais Armée se soit trouvée;
& si Mr. le Duc de Grammont eût exécuté les
ordres qu'on lui avoit donnés, il eît très-sûr
que le Roi d'Angleterre étoit pris avec plus
de douze mille hommes de ses Troupes. On
en jugera par les choses que je vais raconter.

Mr. le Maréchal de Noailles, parfaitement
instruit des mouvemens de l'Armée ennemie,
avoit l'œil sur Aschaffenbourg; il ne vit pas
plutôt que les Anglois l'abandonnoient, qu'il
y envoya des troupes; en même tems il fit
passer le Mein à cinq Brigades d'Infanterie
sous les ordres du Duc de Grammont, à qui
il ordonna de se poster dans le Village de Dettingen, & de n'en pas bouger jusqu'à ce qu'il
l'en fît avertir. Il posta une Brigade d'Infanterie dans le Village de Groswelnitzheim. Six
batteries de canon placés le long du Mein

tonnoient pendant ce tems-là fur l'Armée Angloife, qui n'avoit garde de pénétrer les mefures que le Général François prenoit contre
elle, tant le terrain étoit propre à cacher tous
ces mouvemens.

Le Village de Dettingen eft partagé par un
ruiffeau qui coule des montagnes, & va fe perdre dans le Mein. Ce ruiffeau forme une
efpéce de ravin au-deffus du Village, & fes
bords font remplis d'arbres & de haies vives.
On y arrive par un chemin creux, qui eft un
vrai coupe-gorge. L'Armée alliée défilant fur
plufieurs colonnes ne pouvoit paffer que par-
là. Le Maréchal attentif à fes mouvemens,
n'attendoit que le moment où l'avant-garde &
la premiére colonne fe trouveroient engagées
dans ce chemin, & en-deçà du ruiffeau, pour
donner ordre à Mr. de Grammont de fortir de
fon pofte, & de fe placer entre la colonne &
le ruiffeau pour l'attaquer à dos, pendant que
la Maifon du Roi & toute la Cavalerie avec le
gros de l'Infanterie, qui occupoient la plaine
entre le Village de Dettingen & un Bois fur
la gauche, la chargeroient en front; & pour
que les autres colonnes ne puffent pas venir
au fecours de celle-là, il ne ceffoit de les
faire foudroyer par fon canon, qui caufoit
beaucoup de defordre dans les troupes des Alliés; car jamais canon ne fut peut-être mieux
fervi que celui des François le fut cette fois-
là; & plufieurs Officiers de diftinction eurent
les bras & les jambes emportées, fans compter
des rangs entiers de Soldats qui furent écra-
fés. Outre cela, Mr. de Noailles faifoit mar-

P 5

cher

cher quelques Brigades pour renforcer les troupes qu'il avoit mifes dans Afchaffenbourg, & elles devoient s'avancer fur les derriéres de l'Ennemi pour efcarmoucher & l'amufer, pendant qu'on frapperoit le grand coup que le Maréchal méditoit.

Il ne s'agiffoit pas de moins que de prendre le Roi d'Angleterre, qui étoit à la tête de la premiére colonne, & de lui enlever dix à douze mille hommes d'un feul coup de filet. Les mefures étoient fi juftes, que le fuccès en paroiffoit infaillible. Qui croiroit que l'imprudente vivacité, pour ne pas dire l'étourderie d'un feul homme, ait rendu inutiles des précautions fi fages & fi bien compaffées? Cependant la chofe eft décidée, & j'ai vu des Généraux Anglois & Allemans boire à la fanté de Mr. de Grammont pour avoir fauvé leur Armée par fa manœuvre. Ce Seigneur, qui commandoit les Gardes Françoifes, ne fut pas plutôt arrivé à fon pofte, que fans fe fouvenir des ordres de fon Général, il paffa le ravin, & fon exemple entraîna la Cavalerie de la Maifon du Roi, & quelques Régimens de Cavalerie.

Le tems que ces troupes mirent à faire ce mouvement, les embarras qu'elles trouvérent dans leur paffage, tout cela donna à l'Ennemi le loifir de fe mettre en ordre. Il ne faut pas beaucoup de tems pour ranger fur plufieurs lignes une Armée qui marche en groffes colonnes ferrées. On fut bientôt prêt à recevoir les François, qui venoient un peu en defordre à caufe de la difficulté du terrain.

Le

Le Maréchal de Noailles étoit de l'autre côté du Mein, où il alloit donner ses derniers ordres, pour faire renforcer le poste d'Aschaffenbourg, lorsqu'il apprit la manœuvre de Mr. de Grammont. Il en fut au désespoir, mais il n'y avoit plus moyen d'y rémédier. Le dessein étoit éventé, le ravin passé, & il faloit vaincre ou périr. Il ne pensa plus qu'à faire soutenir Mr. de Grammont. Pour cet effet il se porta près de Dettingen, & ordonna au reste des troupes d'avancer. Le terrain qui, sans ce contre-tems, auroit dû être favorable aux François, leur devint desavantageux. Leur Artillerie même, si avantageusement postée, leur fut inutile dès le moment qu'on se mêla; car comme elle ne pouvoit tirer que sur les flancs de l'Ennemi, ces coups auroient pu porter aussi-bien sur les François que sur les Alliés. Ils ne tirérent guére pendant le combat qu'avec quatre petites piéces qui fermoient leur aile droite, comme on le peut voir sur le Plan. L'Artillerie des Alliés au-contraire fut placée avantageusement sur le front de la Bataille. Un vent de Sud-Est qui soufloit portoit la fumée dans les yeux des François, & une batterie, qui fut placée sur une hauteur à l'endroit marqué I sur le Plan, foudroya la gauche de l'Armée Françoise, & causa une perte effroyable.

Du premier choc, la Maison du Roi renversa la premiére & la seconde ligne de la Cavalerie Angloise, & l'auroit entiérement défaite, si l'Infanterie avoit eu le même succès: mais après avoir essuyé, sans tirer un coup

de

de fufil, trois décharges de canon & de mousquetterie dans un terrain ferré & inégal, les Gardes Françoifes lâchérent le pied, & gagnérent le bord du Mein. On les pouffa fans leur donner le tems de fe reconnoître. Ils fe jettérent dans la Riviére & la pafférent à la nâge, non fans perdre beaucoup de monde, les uns noyés, les autres canardés à coups de mousquet. Le refte de l'Infanterie fit ferme encore quelque tems. Mais les Alliés ayant percé par le vuide que la fuite du Régiment des Gardes venoient de faire, repoufférent quelques Régimens ennemis qui s'étoient coulés le long du Mein pour les prendre en flanc, & tombérent eux-mêmes fur le flanc droit de l'Ennemi. L'Infanterie Françoife & une partie de la Cavalerie, commença à reculer, & à fe battre en retraite du côté du ravin, qu'elle repaffa à la faveur des charges que faifoit la Maifon du Roi. Cette vaillante Troupe n'a peut-être jamais paru avec plus d'éclat que dans cette funefte journée. Expofée à un feu violent d'artillerie & de mouquetterie, qui la prenoit en front & en flanc, & à la faveur duquel la Cavalerie Angloife s'étoit ralliée, elle ne ceffa de combattre, quoiqu'abandonnée de l'Infanterie & d'une partie de la Cavalerie. Elle revint plus de fix fois à la charge, avec une intrépidité digne de fa réputation. Mais tout cela ne fervit qu'à augmenter le nombre des morts: Il falut des ordres réitérés du Général pour les obliger à fe retirer, & ils firent fort bien d'obéir ; car ils étoient fur le point

d'être

d'être enveloppés, & il falut se faire jour au-travers de plusieurs Bataillons & Escadrons, au milieu desquels ils se trouvérent insensiblement.

Les Gardes-du-corps, les Gendarmes, les Chevaux-Légers, les Mousquetaires & les Grenadiers à cheval, souffrirent infiniment du canon pointé sur la montagne, lequel portoit dans le flanc de l'aile gauche de l'Armée Françoise. Ils se retirérent après quatre heures de combat, & après avoir fait des prodiges de valeur. Ils repassérent le ruisseau en bon ordre, & firent encore ferme sur une hauteur; mais Mr. de Noailles leur ordonna de repasser le Mein, ce qu'ils firent sans qu'on osât s'y opposer, tant leur contenance étoit encore fiére.

Cette Bataille ne décida de rien. La perte fut égale, & quoique les Alliés restassent maîtres du champ de bataille, ils l'abandon-nérent le moment d'après, & avec tant de hâte, qu'ils y laissérent tous leurs blessés, qu'ils recommandérent aux soins de Mr. de Noailles. Les François prirent une Piéce de canon, quatre Etendars & six Drapeaux; mais en revanche la Maison du Roi perdit deux Etendars, ce qui ne lui étoit encore jamais arrivé. Du côté des Alliés le Général Clayton fut tué, le Duc de Cumberland blessé d'un coup de feu à la jambe, & le Duc d'Arem-berg à la poitrine. Le Général Monroy & son fils eurent la jambe cassée d'un même coup de canon. Les principaux tués & blessés des François étoient, le Duc de la Roche-
chou-

chouart, les Marquis de Fleuri & de Sabran tués ; le Prince de Dombes, le Comte d'Eu, les Ducs d'Ayen, d'Harcourt & de Boufflers bleffés. Une quantité prodigieuse de Gardes-du-corps, Gendarmes, Chevaux-Légers, Moufquetaires, d'Officiers-aux-Gardes & du Régiment du Roi tués ou bleffés. Les Anglois firent beaucoup de réjouiffances pour cette prétendue victoire. Le peuple de Londres fe livra à des excès de joie qui tenoient de l'extravagance, mais au fond l'avantage fe réduifoit à avoir échappé à un danger évident Et

> L'inexépérience indocile
> Du compagnon de Paul-Emile
> Fit tout le fuccès d'Annibal.

Pendant que cela fe paffoit fur le Mein, Mr. de Broglio arrivoit aux environs de Donawerth, où le Comte de Segur l'attendoit. De-là traverfant la Suabe & la Franconie, il gagnoit à grands pas les bords du Rhin, pourfuivi fans relâche par des troupes légéres du Prince Charles. Enfin il eut le bonheur de paffer le Rhin & de fe mettre en fûreté, non fans qu'il en coutât bien des équipages. Tous ceux du Marquis de Rofen furent pillés, de-même que ceux de Mr. le Prince de Guife & de Mr. de Monconfeil. Deux cens Grenadiers & Dragons qui les efcortoient, furent hachés en piéces entre Halle & Oeringen dans le Comté de Holac.

Le Prince Charles fuivoit cette Armée fans pouvoir l'atteindre. Il avoit laiffé un Corps

de

de douze à quinze mille hommes sous le Général Berenklau pour réduire Ingolſtadt, Place conſidérable qui pouvoit faire une longue réſiſtance, & que Berenklau n'auroit jamais priſe avec ſi peu de monde, ſi le Commandant avoit fait ſon devoir. Ce Commandant étoit Mr. de Grandville, vieux homme à demi imbécile, & qui n'avoit d'autre mérite que d'être beaufrére de Mr. de Broglio. Digne Lieutenant d'un tel Chef, il rendit la Place au bout de quatre ſemaines à une Armée de Pandoures. Ainſi finit la guerre de Baviére. L'Armée de l'Empereur prit le parti de la neutralité, & le Prince Charles fit de vains efforts pour établir le théatre de la guerre de Baviére.

Cependant la Ville d'Egra étoit toujours bloquée, & les troupes qui formoient le blocus n'avoient fait que changer de Général, & au-lieu de Feſtititz, c'étoit le Général Comte de Collowrath qui les commandoit. Je ne dirai rien ici de la poſition des poſtes du blocus, ni des ouvrages que la Garniſon avoit ajoûtés aux anciens; on peut voir tout cela dans le Plan que je donne ici, & que j'ai levé moi-même ſur les lieux.

Les munitions de bouche que Mr. du Cayla avoit introduites dans Egra, commencérent à diminuer conſidérablement dès le mois de Juillet. La Garniſon paſſa tout ce mois-là ſans pouvoir avoir de viande, & les Soldats étoient réduits à manger les chats & les chiens, après avoir mangé les chevaux. Le Comte de Collowrath, qui eſt un Seigneur

plein

plein de bonté & de politeſſe, envoyoit quelquefois un veau à Mr. d'Hérouville Commandant de la Place, & à Mr. le Comte de
Lannion Colonel du Régiment de Médoc.
On ne ſe faiſoit pas grand mal de part ni
d'autre. La Garniſon auroit voulu être aſſié-
gée dans les formes; mais la Reine de Hongrie ne vouloit pas qu'on leur fît cet honneur,
& prétendoit qu'on les fît priſonniers de
guerre ſans qu'on les honorât d'un coup de
canon. Les François regardant cela comme
un grand affront, aimoient mieux tout ſouffrir
que de ſe rendre de cette maniére. Mr. Des-
alleurs, inſtruit du triſte état de cette Garniſon par un Capitaine au Régiment de Bourgogne nommé *La Morliére*, qui étoit ſorti de
la Place réſolu de ſe faire tuer, ou de paſſer
en Saxe, Mr. Deſalleurs, dis-je, entreprit de
faire entrer un Convoi de cinquante bœufs
avec quelques autres proviſions dans la Place,
& par le moyen d'un Déſerteur à qui on pro-
mit ſa grace, il écrivit au Commandant ce
qu'il devoit faire pour recevoir ce Convoi,
qu'il fit conduire par le Sr. Boutet ſon Sécretaire juſques ſur les frontiéres de Bohême. Le
jour fixé, le Gouverneur avoit fait un gros
détachement qui devoit s'avancer ſur la fron-
tiére ponr recevoir le Convoi & l'amener.
Mais tout cela fut inutile, le Détachement
fut obligé de rentrer ſans avoir vu de Convoi. Les Huſſars en avoient eu le vent, &
l'avoient été enlever avant qu'il fût hors de
la Saxe, ſans ſe ſoucier de la neutralité de
cet Electorat. Le Sécretaire fut pris, & faillit

lit à être maſſacré, pour une montre d'or
qu'il avoit & que les Huſſars ſe diſputoient.

Ce coup ayant manqué, la Garniſon d'Egra
ſe trouva à la derniére extrémité. Les Soldats
étoient obligés de ſortir en cachette pour aller
chercher des raves dans la terre aux environs
de la Place. Les Croates les ſurprenoient &
les maſſacroient, mais la faim les preſſoit trop
pour qu'ils en devinſſent plus ſages. Les Habitans ſortoient en foule de la Place, & dès le
mois d'Août il n'en reſtoit pas deux cens.
Comme ils avoient emporté avec eux tout l'argent qu'ils avoient pu, la Garniſon ſe trouva
bientôt ſans petite monnoye. Cela obligea le
Gouverneur à faire battre des demi-ſous d'étaim. J'en donne ici la figure.

Ils ſervoient pour payer le Soldat, & pour
acheter le peu que les Payſans ſe hazardoient
d'apporter, & qu'ils vendoient à un prix exorbitant, lorſqu'ils réuſſiſſoient à le faire
parvenir dans la Place.

Enfin, après avoir ſouffert trois mois de
ſuite la plus cruelle famine, cette brave Garniſon fut obligée de ſe rendre priſonniére le
7. de Septembre 1743.

C'étoit un triſte objet à voir que cette

Garnifon. Les Officiers & les Soldats reffem-
bloient plutôt à des ombres qu'à des corps,
tant ils étoient maigres & décharnés. Lorsqu'on les eut desarmés, on les vit courir en
foule vers leurs Drapeaux que les Autrichiens
avoient faifis. Ils les baifoient les larmes aux
yeux. Quelques-uns marchoient fur leurs armes
qui étoient à terre, & les brifoient de rage &
de douleur. On les fit fortir de la Place, & on
les difperfa dans le cœur de la Bohême.

Les Régimens qui compofoient cette Garnifon étoient celui de Médoc, un Bataillon de
Limoufin, le Régiment de Bourgogne, & celui
de Ponthieu. Les principaux Officiers étoient
Mr. d'Hérouville Lieutenant-Général des Armées du Roi, & Commandant de la Place. Mr.
le Comte de Claviére Brigadier & Lieutenant-
Colonel du Régiment d'Enguien. Mr. le Comte de Lannion, Colonel du Régiment de Médoc, Mr. Palchet Lieutenant-de-Roi, Lieutenant-Colonel au Régiment de Luxembourg,
Mr. de Mondofe Major de la Place, Capitaine
au même Régiment, de Landonniére Aide-
Major, & Capitaine au Régiment de Piémont,
Mr. de Monge Ingénieur en Chef & Brigadier.

Je dois avertir le Lecteur qu'il eft faux que
la Garnifon d'Egra ait voulu fe faire jour au
travers du blocus, & que le Commandant ait
menacé de mettre le feu à la Ville & de fe retirer dans les ouvrages ; cela n'eft pas même
dans la vraifemblance. La mort de Mr. d'Hérouville que le Gazetier de Cologne a tué pendant qu'il fe portoit bien, pour être plus vrai-
femblable n'en eft pas moins un conte fait à
plaifir.

La

La prise d'Egra mit fin à la guerre de Bohême qui duroit depuis deux ans , & qui a été féconde en événemens remarquables pour le peu de tems qu'elle a duré.

F I N.